labor
bolsillo juvenil

Experimentos / electricidad

A partir de 10 años

Rudolf F. Graf

JUEGOS Y EXPERIMENTOS ELÉCTRICOS
(Fáciles e inofensivos)

EDITORIAL LABOR, S.A.

Título original: Safe and Simple Electrical Experiments
Traducción: Gerardo Espinosa Wellman

2.ª edición: 1985

© Rudolf F. Graf, 1964
© Editorial Labor, S. A., 1982
   Calabria, 235-239 - 08029 Barcelona
I.S.B.N.: 84-335-8425-1
Depósito legal: B. 10.850 - 1985
Printed in Spain - Impreso en España
Impreso en: Romanyà/Valls, Verdaguer, 1 - Capellades (Barcelona)

2

A mis hijos Jeffrey y Debbie, cuya imaginación e interés me alentaron a escribir este libro, y a mi esposa, Bettina, por su comprensión e inestimable ayuda.

PREFACIO

La manera más rápida y segura de llegar a comprender la electricidad consiste en trabajar con ella y realizar experimentos, más que en leer sobre el tema. Partiendo de esa idea, he preparado este libro tanto para muchachos como para adultos que quieran saber acerca de la electricidad, aunque su experiencia científica sea escasa o nula.

No es un libro de texto, pero te informará sobre muchos fenómenos interesantes de la electricidad, que comprenderás fácilmente gracias a su abundante ilustración. Es, pues, un libro que te enseñará a *realizar* los experimentos; cada uno de ellos ha sido ensayado numerosas veces, de modo que si sigues las sencillas instrucciones puedes estar seguro de pasar muchas horas divertidas. Al mismo tiempo aprenderás muchos de los principios básicos de la electricidad.

El libro resulta fácil de seguir por su estructura uniforme. Todos los experimentos comienzan con una lista de los materiales necesarios y algunas observaciones preliminares. Unas instrucciones detalladas paso a paso permiten montar la mayoría de las experiencias en pocos minutos. Cada una termina con una breve exposición de los resultados que deberías obtener.

Al preparar esta obra he evitado todo experimento para el que se precisen materiales especiales o costosos y que no puedan encontrarse en un hogar corriente u obtenerse fácilmente y sin mayor gasto fuera de casa. Además, para ninguno de los experimentos se necesitan altas tensiones, ni ácidos peligrosos, ni siquiera hacer conexiones a la red eléctrica doméstica. Todos ellos puede realizarlos incluso el individuo más inexperto y despistado sin la menor posibilidad de dañar a nadie. No se requieren herramientas especiales, y los calibres de los alambres, clavos y otros útiles empleados no son especialmente importantes; cualquiera servirá.

Te entretendrá, sin duda, leer los experimentos, pero no obtendrás el mayor placer ni cosecharás todo el beneficio que este libro puede ofrecerte a menos que los realices efectivamente. Como tu éxito dependerá en gran medida de los conocimientos logrados en los experimentos precedentes, es preferible llevarlos a cabo en el orden en que están presentados.

Algunas de las experiencias del libro, debo confesarlo, se han adaptado a partir de los trabajos de científicos eminentes, pero muchas son novedosas y aparecen aquí por primera vez. Un buen número de ellas producen resultados tan sorprendentes que hasta se las puede usar como trucos para una sobremesa o fiesta.

Si logra aumentar tu conocimiento y comprensión de la electricidad, este libro habrá cumplido su cometido. Conforme avances, pronto advertirás que ningún experimento llega jamás a terminarse del todo. Por el contrario, las respuestas que te proporciona deberían aumentar tus ganas de emprender otras e incitantes exploraciones. Así, poco a poco, descubrirás el valor del aprendizaje por la acción. Con el tiempo llegarás a conocer algunas de las fuerzas básicas de la naturaleza que te afectan de mil modos diferentes cada día de tu vida.

Conforme te aventures en este nuevo mundo de la ciencia, te deseo suerte. Si mantienes siempre el interés en lo que se te presenta y la avidez por saber qué hay más allá, quizá llegues a ser un día el Volta del futuro.

Rudolf F. Graf

P.S. Si inventases o te enterases de algún experimento desacostumbrado que pudiera incluirse en este libro, te ruego me envíes una nota al respecto a Editorial Labor. Podría ser bien acogido en una futura edición.

BREVE CRONOLOGÍA DE GRANDES
DESCUBRIMIENTOS ELÉCTRICOS

2367 a. de C.
Huang-ti, fundador del imperio chino, usa un carro magnético (leyenda).

600 a. de C.
Tales de Mileto (640-546), científico y filósofo griego, descubre el poder de atracción del ámbar.

1269 d. de C.
Petrus Peregrinus descubre las propiedades del magnetismo y muestra que los polos iguales (según su propia expresión) se repelen y los contrarios se atraen.

1492
Cristobal Colón (1451-1506) muestra que la declinación de una aguja imantada varía en las diferentes partes del mundo.

1600
William Gilbert (1540-1603) médico y físico inglés, publica *De Magnete,* en seis volúmenes, en que describe a la Tierra como poseedora de las propiedades de un gigantesco imán (explicando así el comportamiento de la aguja imantada). Gilbert también inventó la palabra *electricidad* a partir de *electrón,* que en griego significa ámbar.

1650
Otto von Guericke (1602-1686), físico alemán, construye la primera máquina electrostática, consistente en

una gran bola de azufre montada en un eje; esta máquina producía electricidad estática cuando la bola en rotación rozaba contra un taco fijo.

1729

Stephen Gray (1696-1736), inglés, experimentador en electricidad, elabora el concepto de conductores y no conductores. Su teoría condujo al descubrimiento del aislamiento eléctrico.

1733

Charles François de Cisternay Du Fay (1698-1739), parisino, descubre que hay sólo dos clases de electricidad —vítrea (positiva) y resinosa (negativa)— y anuncia que las cargas iguales se repelen y las contrarias se atraen entre sí.

1745

Pieter van Musschenbroek (1692-1761), matemático holandés, descubre el principio del frasco de Leyden, en el que pueden acumularse y almacenarse cargas de electricidad estática.

1747

Benjamin Franklin (1706-1790), estadista y filósofo estadounidense, propone la teoría del fluido eléctrico único; da origen a las designaciones de *positivo* y *negativo* e inventa el pararrayos.

1771

Luigi Galvani (1737 1798), fisiólogo italiano, descubre que las patas de una rana se contraen cuando se las toca en diferentes puntos con dos metales diferentes que a su vez se toquen entre sí. Galvani propuso la *teoría de la electricidad animal* en 1786.

1785

Charles Augustin de Coulomb (1736-1806), físico francés, prueba la ley que lleva su nombre y que expresa que la fuerza mutua que se ejercen dos esferas cargadas es directamente proporcional al producto de sus cargas e inversamente proporcional al cuadrado de su distancia. Coulomb probó asimismo que la superficie interna de un cuerpo no puede cargarse con electricidad estática.

1800

Alessandro Volta (1745-1827), físico italiano, descubre el primer método práctico para generar electricidad. La pila voltaica (llamada así en su honor) consiste en un paquete de placas de zinc y de plata separadas una de otra mediante tela o papel saturados de salmuera.

1819

Hans Christian Oersted (1777-1851), físico danés, descubre que una corriente eléctrica crea un campo magnético, probando así la relación entre electricidad y magnetismo.

1820

André Marie Ampère (1775-1836), físico francés, muestra que las fuerzas entre corrientes e imanes, y también entre dos corrientes, pueden determinarse suponiendo que cada elemento del circuito ejerce una fuerza sobre un polo magnético y sobre cada uno de los demás elementos del circuito. Este descubrimiento estableció la relación entre electricidad y magnetismo. Ampère, además, elaboró el solenoide.

1820

Dominique François Jean Arago (1786-1853), físico francés, descubre que puede hacerse un imán a partir de una barra de hierro o acero colocada dentro de un solenoide a través del cual pase corriente.

1821

Michael Faraday (1791-1867), químico y físico inglés, muestra que el flujo de corriente en un alambre puede hacer que un imán gire en torno del alambre, y que un alambre portador de corriente tienda a girar en torno a un imán fijo.

1823

Thomas Johann Seebeck (1770-1831), físico alemán, descubre que se produce una corriente eléctrica cuando dos metales distintos se unen y su unión se calienta.

1827

Georg Simon Ohm (1787-1854), físico alemán, descubre la relación entre intensidad, tensión y resistencia en un circuito eléctrico. Esta relación es llamada ahora *Ley de Ohm,* la cual afirma que la fuerza electromotriz dividida por la velocidad del flujo de corriente, a través de un conductor, representa la resistencia de dicho conductor al paso de la corriente.

1831

Joseph Henry (1797-1878) profesor de física en Albany, Estados Unidos, y Michael Faraday hacen numerosos descubrimientos electromagnéticos, tales como el principio de autoinductancia, el transformador, la generación de electricidad mediante magnetismo, la dinamo de disco y muchos otros.

1833

Karl Friedrich Gauss (1777-1855), físico y matemático alemán, crea una fórmula matemática exacta para el campo magnético.

1834

Heinrich Friedrich Emil Lenz (1804-1865), físico ruso-alemán, establece un método para determinar las direcciones de una corriente en un circuito, método que hoy se denomina *Ley de Lenz*.

1840

Samuel F.B. Morse (1791-1872), artista e inventor estadounidense, inventa el telégrafo.

1859

Gastón Planté (1834-1899), inventor francés, construye el primer acumulador de energía eléctrica, basado en láminas de plomo inmersas en ácido.

1865

James Clerk Maxwell (1831-1879), físico escocés, explica en términos matemáticos la transmisión de los campos eléctrico y magnético a través de un medio.

1875

Alexander Graham Bell (1847-1922), inventor estadounidense, crea el teléfono.

1879

Thomas Alva Edison (1847-1931), inventor estadounidense, construye una dinamo y la lámpara incandescente. Edison inventó asimismo el fonógrafo, un sistema telegráfico perfeccionado, las películas sonoras, el acumulador alcalino y muchos otros dispositivos eléctricos.

1887

Heinrich Rudolf Hertz (1857-1894), físico alemán, descubre que ciertos metales emiten energía eléctrica al ser iluminados. Hertz descubrió asimismo en 1888 que la electricidad puede transmitirse mediante ondas electromagnéticas.

1888

Nicola Tesla (1856-1943), ingeniero e inventor yugoslavo-estadounidense, anuncia el descubrimiento del principio del campo magnético giratorio, en el que se basa el motor de inducción.

1895

Guglielmo Marconi (1874-1937), inventor italiano, inicia experimentos en telegrafía inalámbrica.

Detenemos aquí muestra cronología por el hecho de que al inventarse la telegrafía inalámbrica ya se habían formulado los principios básicos de la electricidad. Más allá de ellos se extiende el campo de la electrónica, tema no comprendido en el ámbito del presente libro.

ELECTRICIDAD ESTÁTICA

INTRODUCCIÓN

Hace millones de años crecían ciertos pinos a lo largo de las costas de los mares y océanos. Aunque desaparecieron lentamente y están extinguidos desde hace largo tiempo, la resina de su corteza se petrificó, encontrándose yacimientos en diversos lugares de la Tierra, principalmente en las costas del Báltico y mar del Norte. Esta resina petrificada se llama ámbar. Los antiguos griegos la usaban para hacer collares y otras joyas.

Al filósofo griego Tales de Mileto, conocido como uno de los siete sabios de Grecia, se le atribuye el haber sido el primero en dejar constancia de que un trozo de ámbar al ser frotado contra pieles o ropas produce chispas y también atrae hojas secas, plumas, astillas, pelusas y cosas semejantes. No sabemos si este curioso fenómeno fue advertido alguna vez antes de su época, pero Tales fue el primero en señalarlo para la posteridad. Eso ocurrió hace unos 2500 años (entre el 640 y el 546 a. de C.) pero entonces nadie fue capaz de explicar exactamente qué estaba ocurriendo y durante centenares de años el poder «mágico» de atracción fue considerado sencillamente como un interesante suceso natural.

Durante largo tiempo este curioso efecto fue relacionado tan sólo con el ámbar; más tarde se descubrió que el vidrio adquiría propiedades parecidas al ser frotado, si bien un tanto contrarias. Así pues se dijo que había dos clases de electricidad. La que exhibía el vidrio frotado, que fue llamada *vítrea* y la exhibida por el ámbar frotado, que fue llamada *resinosa*. En la Edad Media se descubrió que muchas otras substancias adquirían propiedades parecidas al frotarlas; se las denominó colectivamente *eléctricas*. Las substancias a la que no podía otorgarse esta propiedad por frotación se las llamó *ineléctricas*. De hecho, las eléctricas son aislantes o no conductoras, mientras las ineléctricas son conductoras. Para evitar confusiones, en una fecha ulterior se prescindió de ambos términos.

Poco más se descubrió acerca de esta misteriosa atracción hasta que el inglés Sir William Gilbert, al empezar el siglo diecisiete, tomó el asunto donde lo había dejado Tales. Publicó un libro en el cual describió sus trabajos y se le atribuye el haber inventado la palabra *electricidad* a partir de *electrón* (voz de origen griego que designa al ámbar). Otros científicos se interesaron en el tema y mediante cuidadosas y laboriosas investigaciones pudieron descifrar los secretos de la naturaleza para ayudarnos a entender mejor la electricidad.

La electricidad, tal como hoy la conocemos, es de dos clases fundamentales: electricidad estática y electricidad dinámica. A la electricidad estática corresponde la que Tales descubrió frotando ámbar y que otros descubrieron frotando vidrio. Su nombre proviene de la voz griega que significa «sin movimiento»; porque normalmente está en reposo, y cuando pasa de un cuerpo a otro lo hace en movimientos súbitos y momentáneos. De escasa utilidad, suele ser una molestia y un riesgo que puede ocasionar incendios y cobrar vidas. Sin embargo, si la tenemos bajo control podemos divertirnos un poco con ella y aprender al mismo tiempo muchísimo acerca de la electricidad.

17

Los experimentos con electricidad estática se realizan óptimamente cuando el tiempo es fresco y seco. Los días fríos de invierno, en los que el aire dentro de casa está seco y cálido, son ideales. En los días húmedos de verano es probable que los electrones se vayan volando en vez de permanecer donde uno pueda estudiarlos. Por consiguiente, si tienes problemas con cualquiera de los experimentos descritos en este capítulo sobre electricidad estática, vuelve a probarlo en un día en que haya menos humedad en el aire. En cambio, en un día muy seco, la electricidad estática que tú mismo produces al frotar zapatos sobre una alfombra de lana o de nilón puede también interferir con tus experimentos. En tales días extiende periódicos bajo tus pies. Recuerda una vez más que todos estos experimentos han sido realizados muchas veces y si has seguido cuidadosamente las instrucciones y alguno de ellos no resulta, podrás echarle la culpa al clima con toda seguridad.

CÁRGATE DE ELECTRICIDAD

Materiales que necesitarás
   Alfombra de lana sobre el piso
   Tubo fluorescente

Si alguna vez, en un fresco día de invierno, has sufrido una descarga al acercar la mano al tirador de una puerta o al darle la mano a otra persona, quizá te hayas preguntado qué te ocurría. En un cuarto oscuro podrías haber visto una chispa. Si tenías una radio encendida, quizá hayas escuchado incluso un ruido cuando la chispa saltó. Es una interferencia de la misma clase que aquella que produce un relámpago. De hecho, la chispita y el relámpago tienen mucho en común.

Nadie sabe exactamente qué es la electricidad estática y nadie sabe todos los motivos por los cuales los objetos cargados se comportan como lo hacen, pero los científicos han elaborado una teoría que explica la mayoría de tales acciones. Se dice que todas las substancias están compuestas de partículas eléctricas positivas llamadas *protones* y de partículas eléctricas negativas llamadas *electrones*. Cuando a un objeto se le deja como está durante cierto tiempo, se produce en él un equilibrio entre protones y electrones. Tal objeto carece de carga y se dice que es neutro. Ciertos objetos, al ser frotados, recogen electrones del material con que se les frota, mientras que otros le entregan electrones a dicho material; en tal caso se dice que los objetos adquieren carga negativa o positiva respectivamente. Más adelante hablaremos al respecto.

Veamos ahora nuestro primer experimento. Restriega tus zapatos en la alfombra para recoger y acumular electrones en tu cuerpo. Luego toca algo, especialmente algo de metal. Esos electrones sobrantes te abandonarán y saltarán hasta el metal. Eso es lo que sientes y eso es la chispa que ves. Una vez ha saltado la chispa ya no tienes carga eléctrica alguna. Para comprobarlo, toca nuevamente el objeto. No sentirás ninguna sacudida porque toda la carga eléctrica (electrones) que tenías ya no está. Vuelve a restregar los pies para recoger más cargas y podrás repetir el proceso.

Ahora prueba esto: Mientras sujetas un tubo fluorescente cárgate bien restregando los pies en la alfombra. Para lograr que el tubo emita un breve destello, toca con su extremo metálico un radiador de calefacción o el tornillo de fijación del interruptor de la luz mientras tienes el tubo en las manos. El tubo destellará brevemente conforme *tu* carga pase a través de él hasta el radiador.

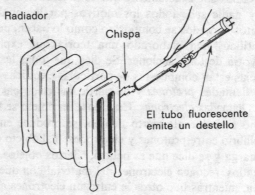

Radiador

Chispa

El tubo fluorescente emite un destello

Si no puedes producir descargas en un día fresco y seco, se debe probablemente a que tu alfombra ha sido tratada con algún material antiestático.

CARGA UN GLOBO

Materiales que necesitarás
Globo
Trozo de piel o de tejido de lana

Hincha un globo, átalo bien y frótalo rápida y vigorosamente con un trozo de tejido de lana. Para este fin lo ideal es una chaqueta o jersey. Sujeta luego el globo contra la pared. Se pegará a ella. Se pegará igualmente a tu mano, a una mesa o incluso al techo si lo puedes lanzar hacia arriba de modo que alcance a tocarlo sin rebotar con demasiada fuerza.

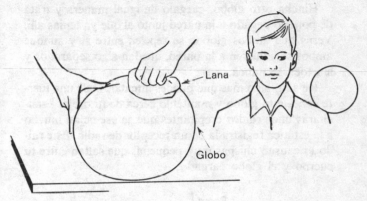

La explicación de esta reacción es que con el frotamiento algunos de los electrones libres de la lana se han trasladado al globo, con lo cual ha adquirido carga negativa. Cuando este globo cargado se acerca a un objeto sin carga, tal como la pared, repele los electrones más cercanos, alejándolos y formando una zona de carga positiva. El resultado será una atracción entre el globo y las cargas positivas de la pared más cercanas al globo.

Una vez cargado el globo, se pegarán a cualquier cuerpo no cargado y también a cualquier persona y en cualquier parte de su cuerpo. De ese modo pueden producirse espectáculos muy divertidos. Si cargas muchos globos podrás de hecho presentarte con ellos adheridos a ti.

Al cabo de un rato, según cuál sea la humedad del aire, el globo perderá gradualmente la carga por sí solo.

Si en cualquier momento quieres cerciorarte de que un globo está enteramente descargado, ponlo bajo un chorro de agua y luego cuélgalo a secar. El agua arrastra consigo todas las cargas.

Hincha otro globo, cárgalo de igual manera y trata de ponerlo pegado a la pared junto al que ya tenías allí. Verás que ambos globos se repelen entre sí y aunque ambos se adhieren a la pared, quedan algo separados y sin tocarse nunca.

He aquí algo más que puedes intentar. Dale una fuerte carga a tu globo y manténlo cerca de tu oreja. Escucharás unos ruidos crepitantes que se asemejan mucho a la estática registrada en un receptor de radio. Este ruido lo causan chispas muy pequeñas que saltan entre tu cuerpo y el globo cargado.

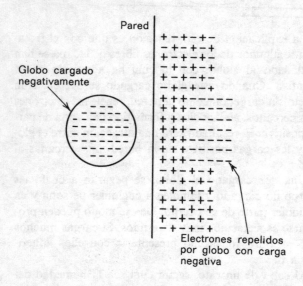

Pared

Globo cargado negativamente

Electrones repelidos por globo con carga negativa

TRUCOS CON UN PEINE

Materiales que necesitarás
Peine de plástico
Trozo de tela de lana, o lámina de plástico
Trocitos de papel y/o una taza llena de arroz hinchado
Un poco de ceniza de cigarrillo

Coloca sobre una mesa unos pedacitos de papel. Frota el peine vigorosamente con un trozo de lana o de nilón y acerca el peine a los pedacitos de papel. Verás que el papel es atraído por el peine, pero fíjate en lo que ocurre al cabo de un rato. Algunos de los pedacitos de papel saldrán súbitamente despedidos del peine.

Arroz hinchado

Peine cargado

Primero uno y luego otro y otro más. Si quieres ver un efecto realmente interesante, hunde el peine cargado en la taza con arroz hinchado y retírala rápidamente. Una cantidad de arroz se adherirá al peine, pero al cabo de un instante los granos empezarán a salir como disparados por una pistola. ¿Qué ha ocurrido? ¿Por qué estos objetos fueron primero atraídos y luego repelidos?

Lo que hemos hecho al frotar el peine es darle una intensa carga negativa. Al estar cargado, el peine atrae los trocitos de papel sin carga o los granos de arroz hinchado, según el caso. Tan pronto como estos pequeños objetos tocan el peine, adquieren parte de su carga negativa. Como el peine también está cargado negativamente y sabemos que las cargas semejantes se repelen, el objeto saldrá despedido una vez haya adquirido su carga. Como ni el papel ni el arroz hinchado son buenos conductores, hace falta cierto tiempo para que haya un traspaso de electrones desde el peine y salgan despedidos.

Junta un montoncito de cenizas de cigarrillo y acerca allí el peine cargado. Parte de las cenizas volarán hacia el peine y tras estar un momento en contacto con él, serán repelidas. Las cenizas habrán adquirido una carga negativa sobre el peine y como las cargas semejantes se repelen las cenizas son despedidas con gran rapidez.

Puedes repetir el experimento con una varilla de vidrio cargado, y el efecto será el mismo. Pero esta vez el papel, el arroz hinchado y las cenizas, en vez de adquirir cargas negativas de un peine negativamente cargado, recibirán cargas positivas de una varilla cargada positivamente.

CÓMO SACAR CHISPAS DE UN DIARIO SECO

Materiales que necesitarás
  Hoja de diario
  Lámina o bolsa de polietileno (de las que se usan para proteger hortalizas o como cubierta de protección para prendas en las lavanderías)
  Trozo de tela de lana
  Vieja media de nilón
  Tapa circular y lisa de un enlatado, de no menos de 75 milímetros de diámetro

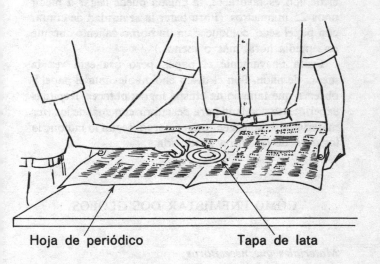

Hoja de periódico   Tapa de lata

Es posible hacer saltar una chispa de respetable tamaño desde un trozo de papel electrificado. Para hacerlo, pon una hoja seca de diario sobre una mesa, y frótala vigorosamente con el polietileno para dar al papel una fuerte carga electrostática. Pon luego la pieza circular de metal en el centro del papel y levanta éste de la mesa sujetándolo por ambos extremos tal como se muestra. En ese momento, si alguien acerca rápidamente su dedo al disco metálico, conseguirá hacer saltar una hermosa chispa. En un día seco deberías poder obtener una chispa de unos 6 milímetros, lo cual representaría una carga de unos 10 000 voltios. Sin embargo, la chispa es inofensiva. Si el papel está completamente seco y el tiempo es favorable, la chispa puede llegar a medir unos 25 milímetros. (Para tener la seguridad de contar con papel seco, colóquese en un horno caliente durante una media hora, más o menos.)

Frota nuevamente el papel, pero usa esta vez la media de nilón. Pon el disco encima, levanta el papel y observa qué tamaño de chispa logras obtener. Repite el experimento con lana para descubrir con cuál de los tres materiales se consigue mayor carga, según lo indique la longitud de la chispa producida.

CÓMO ENEMISTAR DOS GLOBOS

Materiales que necesitarás
  Dos globos
  Un trozo de tela de lana, o de piel (de conejo, etc.)
  Un metro y medio de hilo de seda o de nilón

Hincha dos globos y átalos de modo que permanezcan inflados, cuélgalos de un trozo de hilo de seda o de nilón de unos sesenta centímetros de longitud. Usamos un hilo porque es un buen aislante y porque las cargas depositadas en los globos no se fugarán por él con facilidad.

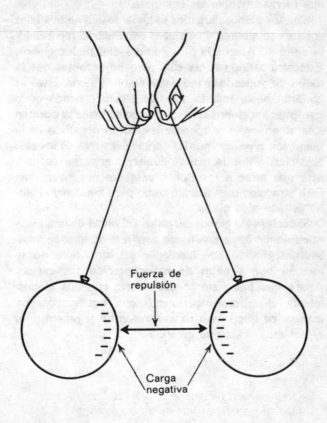

Fuerza de
repulsión

Carga
negativa

Carga ambos globos como lo hemos hecho antes, frotándolos con la lana o con un trozo de piel. Luego sostén los globos por sus hilos, sujetando un hilo en cada mano. Intenta luego que los globos se toquen, acercando tus manos una a otra. No lo conseguirás nunca. Los globos se apartarán uno de otro, como si una fuerza invisible los empujara.

Con los globos cargados todavía, sostén ambos hilos con una sola mano. Los globos continuarán repeliéndose entre sí. Acerca la otra mano a uno de los globos. Éste será atraído hacia ella, pero no permitas que la toque. Si pones la mano entre ambos globos, éstos se juntarán hasta tocarla. Lo que está ocurriendo es lo siguiente: los globos cargados negativamente se acercan a la mano sin carga porque las cargas negativas de la mano son repelidas por las cargas negativas de los globos, con lo que la mano adquiere una carga positiva neta que atrae a los globos cargados negativamente. Esta atracción es suficiente como para mantener el globo pegado a la mano.

Si cuelgas los globos cargados del dintel de una puerta en donde haya una ligera corriente de aire, se mantendrán girando uno alrededor del otro, pero no se tocarán nunca antes de haber perdido sus cargas. Ahora que has visto lo que ocurre con dos globos, intenta el mismo experimento con tres globos. La manera en que tratan de evitarse entre sí presenta un espectáculo realmente divertido.

CÓMO REUNIR A LOS DOS GLOBOS

Materiales que necesitarás
   Dos globos
   Un poco de tela de lana o un trozo de piel (de conejo, etcétera)
   Una lámina de saran*
   Un metro y medio de hilo de seda o de nilón

Hincha dos globos y ata cada uno de ellos con un trozo de hilo de seda o de nilón de unos 60 centímetros de longitud. Luego frota un globo con la lana y el otro con un pedazo de plástico (saran). Sujeta los globos por sus cuerdas, uno en cada mano, de modo que cuelguen a plomo. Manténlos primero muy apartados y acércalos luego, observando lo que ocurre. Los globos mostrarán una fuerte atracción mutua y si los dejas aproximarse lo bastante, llegarán a tocarse. Tan pronto como se tocan vuelven a ser neutros y a colgar a plomo.

He aquí el por qué: El globo que posee un exceso de electrones (el frotado con piel o lana) ha dado sus electrones al globo con déficit de electrones (el cargado con el plástico). A consecuencia de este traspaso de electrones al momento de tocarse los globos, ya no hay un exceso de electrones en uno de ellos y un déficit en el otro: no se produce ya atracción o repulsión entre ambos.

---

* Plástico muy delgado. Se vende en rollos para envolver alimentos antes de conservarlos en la nevera. Químicamente es un policloruro de vinilideno: fíjate al usarlo que no sea polietileno: lo pone en la caja. (N. del E.)

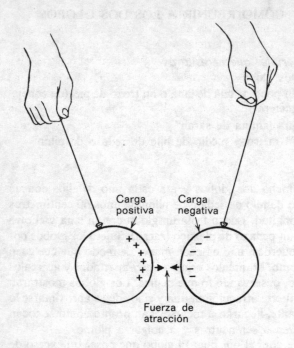

Carga positiva

Carga negativa

Fuerza de atracción

LAS CARGAS SEMEJANTES SE REPELEN

Materiales que necesitarás

Dos tiras de papel de periódico, de unos 25 milímetros de anchura y unos 50 centímetros de longitud cada una

Bolsa de polietileno, media de nilón o trozo de lana

Puedes lograr que unas tiras de papel de diario se aparten una de otra con sólo frotarlas. Sujeta las tiras por un extremo y déjalas colgar tal como se muestra. Verás que caen verticales, una junto a otra. Restriégalas luego a lo largo, de arriba a abajo, con el pulgar y el índice de tu mano libre. Después de varias pasadas habrán adquirido cierta carga. Como ambas tiras poseen la misma carga, y sabemos que las cargas semejantes se repelen entre sí, las tiras se separarán.

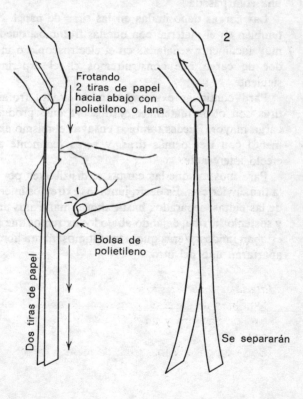

Es posible dar una carga mucho mayor a estas tiras, y por tanto obtener una separación mucho mayor entre ellas, frotándolas con un trozo de polietileno, como el de una bolsa para las basuras o para comestibles, o con lana. Cerciórate de que las superficies exteriores de ambas tiras sean frotadas al mismo tiempo. Cualquiera de los materiales antedichos producirá una mayor carga con más rapidez, de modo que ahora las tiras se apartarán inmediatamente una de otra, a menudo después de una sola pasada.

Las cargas depositadas en las tiras de papel, como también en el material con que las frotamos, quedarán muy fácilmente señaladas en el electroscopio o indicador de carga que construiremos en el experimento siguiente.

Para continuar experimentando, intenta frotar las tiras con otros materiales, y observa cuál produce la carga mayor. Puedes también ensayar el mismo experimento con tres o más tiras, y verás realmente algún efecto interesante.

Para mostrar que las cargas se distribuyen por toda la tira, inviértelas. Es decir, junta los extremos inferiores de las cintas, separados hasta ahora; manténlos unidos y sosténlos arriba, dejando abajo los extremos que antes estaban unidos. Verás que estos últimos, ahora libres, se apartarán uno del otro.

CONSTRUCCIÓN Y EMPLEO DE UN ELECTROSCOPIO DE HOJAS

Materiales que necesitarás

Botella pequeña (de leche, por ejemplo); mejor de vidrio y cuello ancho

Sujetapapeles grande o trozo de alambre rígido (de unos 15 cm de longitud)

Una lámina de papel de aluminio o de estaño de unos 15 cm × 30 cm

Una envoltura de goma de mascar u otra de donde pueda obtenerse papel metálico delgado

Tapón de caucho o de corcho que se ajuste a la botella empleada

Un electroscopio es un instrumento fácil de construir y muy útil para detectar la presencia de cargas electrostáticas. Indica la existencia de cargas sobre cualquier objeto que le acerquemos y nos informa asimismo sobre la polaridad de tales cargas, es decir, si son positivas o negativas. A partir de nuestro experimento anterior, con las tiras de papel, sabemos que si se sujeta dos cintas livianas y estrechas por un extremo y se les da la misma carga, sus extremos libres se apartarán uno de otro. El electroscopio consta fundamentalmente de las láminas metálicas, lo más livianas que podamos hallar (a las que también se llama hojas), colocadas dentro de un recipiente tal como una botella. La botella se necesita para que las laminillas, muy sensibles, no sean perturbadas por corrientes de aire. La construcción del electroscopio es muy sencilla y puede realizarse en pocos minutos.

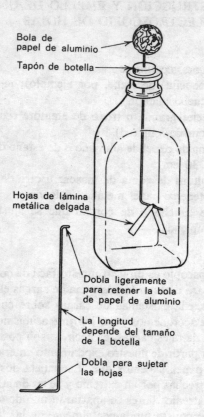

Bola de papel de aluminio

Tapón de botella

Hojas de lámina metálica delgada

Dobla ligeramente para retener la bola de papel de aluminio

La longitud depende del tamaño de la botella

Dobla para sujetar las hojas

Figura A

Antes que nada, toma el sujetapapeles o el alambre y dale la forma de L señalada en la figura A, una vez lo hayas atravesado en el tapón de la botella que estás usando. Es sumamente importante que el tapón y la botella estén completamente secos. Para tener esa seguridad, sécalos en un horno algo caliente durante un rato, inmediatamente antes de disponerte a montar el electroscopio.

Alrededor de 12 milímetros del sujetapapeles o alambre deben sobresalir por arriba del tapón para sostener una pelota de papel de aluminio. Para obtener resultados óptimos esa pelota deberá hacerse lo más redonda posible. Se confecciona apelotonando y apretando el papel de aluminio en forma de esfera, que luego sencillamente se pincha con el alambre.

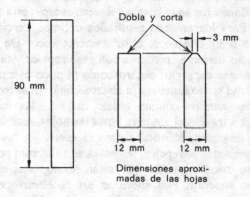

Dobla y corta

3 mm

90 mm

12 mm   12 mm

Dimensiones aproximadas de las hojas

Las hojas se hacen del material más liviano posible. Para salir del aprieto serviría una tira de papel de seda, pero el papel metálico de una barrita de goma de mascar es el mejor material para nuestros fines. El papel debe separarse del metal remojando la envoltura en agua caliente durante algunos minutos. Luego es fácil despegarlos. Endereza la laminilla metálica, sécala y

corta una tira que mida aproximadamente 12 milímetros por 90 milímetros. A fin de dotar al instrumento de
la mayor sensibilidad posible, las hojas deberán poder
separarse con una resistencia mínima, de modo que
hazlas estrechísimas en la sección en que se apoyan
sobre el soporte. Para conseguirlo, dobla la tira por la
mitad (de su longitud) y recorta un triangulito a cada
lado del pliegue, de manera que quede solamente un
puente muy estrecho. Coloca luego las hojas sobre el
extremo del alambre doblado en L. Las hojas deben
estar enderezadas de modo que cuelguen sueltas y
paralelas entre sí. Introduce luego el tapón con todos
sus aditamentos en la botella: el electroscopio está completo. Para lograr unos resultados óptimos, cerciórate
de que todo esté seco, absolutamente seco. De otro
modo, las cargas se perderán con gran rapidez y tal vez
no consigas cargar tu electroscopio ni poco ni mucho.

He aquí cómo funciona tu electroscopio: Si se toca la
bola de aluminio con un objeto cargado, las cargas
pasarán a través del alambre hasta las hojas, recibiendo
ambas una carga idéntica. Como sabemos que las cargas semejantes se repelen, las hojas se apartarán por su
extremo inferior, puesto que están abisagradas en su
extremo superior. Pon ahora en uso tu electroscopio.

Frota con vigor un peine durante unos 30 segundos
con un trozo de nilón (una media de nilón vieja será
muy adecuada), para dar al peine una carga negativa. Si
lo *acercas* a la bola del electroscopio, las hojas se
separarán. Al alejar el peine, volverán a su posición normal. Si *tocas* la esfera con el peine, el electroscopio
adquirirá una carga negativa y seguirá cargado aún después de retirar el peine. Hemos cargado el electroscopio
por contacto (figura B). Al tocar la bola con el dedo se
ofrece una ruta fácil de escape para la carga negativa

que se ha depositado en el electroscopio, y así éste se descarga.

Para dar a nuestro electroscopio una carga positiva, acerca el mismo peine cargado a la bola, y con un dedo de la otra mano toca la esfera durante aproximadamente un segundo. Al hacerlo permitimos que algunas cargas positivas pasen de nuestro dedo al electroscopio. Retira la mano del electroscopio y *luego* retira el peine. Observarás que conforme se aleja el peine, las hojas se separan (figura C). Ahora hemos cargado el electroscopio, por *inducción*, con una carga positiva. El hecho de acercar el peine cargado al electroscopio una vez más hará que las hojas vuelvan a su posición normal, y volverán a separarse cuando se aleje el peine, siempre que no hayas tocado la bola del electroscopio.

Para dar al electroscopio una carga positiva por *contacto*, toca la perilla con una varilla de vidrio cargada positivamente tal como se muestra en la figura D. Para darle una carga negativa por *inducción*, procede como se muestra en la figura E.

El electroscopio puede usarse también para detectar cargas desconocidas: Primero se carga el electroscopio con una carga conocida. Supongamos que lo hemos cargado mediante el contacto con un peine frotado con nilón de modo que tenga una carga negativa. Si acercamos el objeto cuya carga es de signo desconocido a la perilla del electroscopio cargado, ocurrirá una de dos cosas: las hojas del instrumento se separarán aún más, o se acercarán una a otra. Si el objeto está cargado negativamente, repelerá a los electrones situados en la perilla del electroscopio, haciéndolos bajar hacia las hojas con lo que éstas se separarán aún más. En cambio, si el objeto está cargado positivamente, atraerá algunos de los electrones de las hojas hacia la perilla.

COMENZAMOS CON
UN ELECTROSCOPIO
SIN CARGA

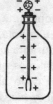

CARGA
NEGATIVA
POR CONTACTO

El peine cargado
negativamente
repele los
electrones

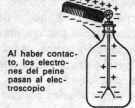

Al haber contacto, los electrones del peine pasan al electroscopio

Al quitar el peine el electroscopio tiene una carga negava. (Se han agredo electrones)

Figura B

Figura C

CARGA
NEGATIVA
POR INDUCCIÓN

El peine
cargado negativamente repele los
electrones

Retira ahora el
dedo y retira
después el peine

Los electrones
repelidos se
escapan a través
del dedo

El electroscopio
tiene ahora una
carga positiva
(Se han quitado
electrones).

38

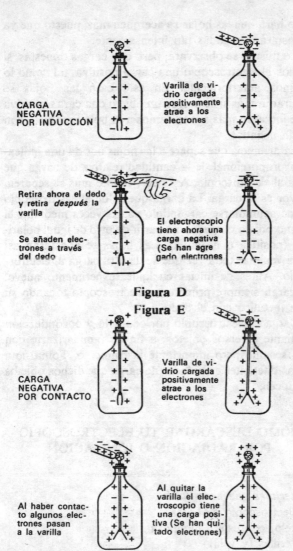

CARGA NEGATIVA POR INDUCCIÓN

Varilla de vidrio cargada positivamente atrae a los electrones

Retira ahora el dedo y retira *después* la varilla

Se añaden electrones a través del dedo

El electroscopio tiene ahora una carga negativa (Se han agregado electrones)

Figura D

Figura E

CARGA NEGATIVA POR CONTACTO

Varilla de vidrio cargada positivamente atrae a los electrones

Al haber contacto algunos electrones pasan a la varilla

Al quitar la varilla el electroscopio tiene una carga positiva (Se han quitado electrones)

39

Esto hará que las hojas se acerquen más, puesto que ya no estarán cargadas tan intensamente.

Lo mismo se observará, pero con cargas opuestas, si damos al electroscopio una carga positiva, tal como lo hicimos anteriormente. En este caso las hojas se separarán más si se acerca un objeto con carga positiva y se juntarán más si acercamos a la bola un objeto con carga negativa.

La distancia que separe a las hojas nos da una indicación proporcional de la cantidad relativa de carga que llega al electroscopio. Así pues, cuanto más se separen, mayor es la carga. La carga que se dé al electroscopio puede acumularse cargándolo varias veces mediante el mismo objeto cargado, o a partir de otro de igual polaridad (positiva o negativa). Las hojas se apartarán así cada vez más toda vez que se dé otra carga al electroscopio. Antes de iniciar cualquier experimento nuevo, descarga siempre primero tu electroscopio tocando su bola metálica con el dedo.

Carga el electroscopio por contacto y por inducción mediante diversos objetos, a fin de familiarizarte con este sencillo pero importante instrumento. Toma nota de las diferentes cantidades de carga que dichos objetos producen.

CÓMO DESCARGAR TU ELECTROSCOPIO POR RADIACIÓN O IONIZACIÓN

Materiales que necesitarás
    Electroscopio de hojas
    Reloj con esfera luminosa
    Cerillas (y vela)

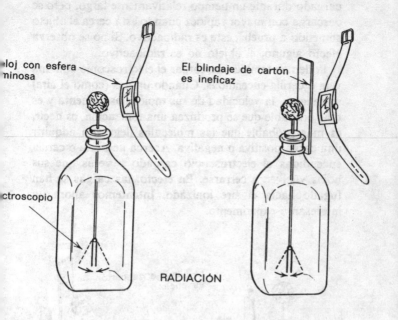

loj con esfera
minosa

El blindaje de cartón
es ineficaz

ctroscopio

RADIACIÓN

Un electroscopio cargado se descarga si es posible hacer conductor el aire que lo rodea. Esto puede lograrse poniendo el electroscopio cerca de una fuente de rayos X o de algún material radioactivo. Mantén la esfera luminosa (que lo es por estar hecha con pintura radioactiva) de un reloj a unos diez centímetros de la bola del electroscopio cargado y observa cuánto tarda en descargarse. Para lograr los mejores resultados, debería quitarse el cristal del reloj para permitir con mayor facilidad el paso de los rayos alfa.

De este modo, puede comprobarse fácilmente la radioactividad de los objetos acercándolos bastante a la bola de un electroscopio. Si el electroscopio permanece cargado durante un tiempo relativamente largo, pero se descarga con mayor rapidez cuando está cerca el objeto sometido a prueba, éste es radioactivo. Si no se observa efecto alguno, el objeto no es radioactivo.

Podemos también descargar el electroscopio con una vela o cerilla encendidas. Cuando un gas (como el aire) se calienta, la velocidad de sus moléculas aumenta y es más probable que se produzca una ionización, es decir, es más probable que las moléculas lleguen a adquirir una carga positiva o negativa. Acerca una vela o cerilla encendidas al electroscopio cargado y verás que sus hojas vuelven a cerrarse. En efecto, las cargas se han fugado hacia el aire ionizado. Intentemos ahora un interesante experimento.

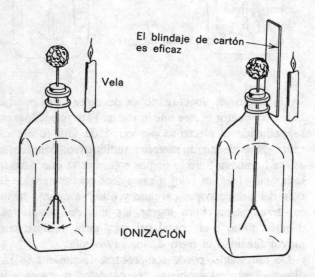

Vela

El blindaje de cartón es eficaz

IONIZACIÓN

42

Mantén un trozo de cartulina entre la vela y el electroscopio; verás que la llama ya no tiene efecto sobre el electroscopio cargado. La cartulina actúa como una pantalla. Trata de lograr el mismo apantallamiento con el material radioactivo. ¿Funciona igualmente? ¡No, no funciona! La cartulina no actúa como una pantalla o blindaje porque los rayos o partículas emitidos por el material radioactivo son más difíciles de parar y pasan muy fácilmente a través de la cartulina.

CONSTRUCCIÓN DE UN PLANO DE PRUEBA

Materiales que necesitarás
Varilla de vidrio de cualquier longitud adecuada
Pequeño disco metálico del tamaño de una moneda (puede usarse una)
Algún adhesivo para fijar el metal a la varilla (puede usarse cemento de secado rápido, lacre, arcilla para modelar, etc.)

A veces podemos toparnos con cargas electrostáticas tan intensas que, si las acercáramos al electroscopio, dañarían el instrumento. En otras ocasiones, puede que deseemos medir una carga, pero no nos resulte cómodo acercar el objeto cargado al electroscopio. En cualquiera de estos casos tal vez sea mejor usar un plano de prueba para transportar una pequeña parte de la carga a nuestro instrumento. Este dispositivo se construye con gran facilidad. Simplemente fija un pequeño disco de metal del tamaño de una pequeña moneda a una varilla

43

o tubo de vidrio. El disco metálico puede sujetarse a la varilla con cemento de secado rápido, con arcilla de modelar o con unas gotas de lacre.

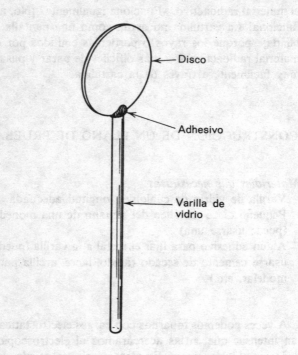

Disco

Adhesivo

Varilla de vidrio

Para usar el plano de prueba, sujétalo por la varilla de vidrio y toca el cuerpo electrificado con el disco metálico. Una pequeña carga pasará del cuerpo electrificado al plano de prueba. Luego puede llevarse esta pequeña carga hasta el electroscopio y traspasarla a éste, sea por contacto o por inducción.

EL GRANO QUE SE COLUMPIA

Material que necesitarás

Dos globos

Pedestal hecho con una percha (procedente del experimento anterior)

Grano de arroz hinchado cubierto con papel metálico atado con hilo de seda o nilón (procedente del experimento anterior)

Un trozo de tela de lana o de piel

Lámina de saran

Frota uno de los globos con la lana (con la piel o el nilón) para darle una carga negativa, y frota el otro con la lámina de saran para darle una carga positiva.

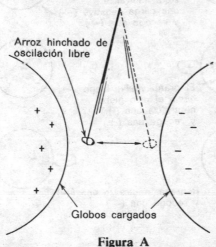

Figura A

Sujetando un globo con cada mano, acércalos al grano de arroz hinchado, uno por cada lado. Uno de los dos globos lo atraerá (no importa cuál sea) y hará contacto con él, recogiendo así algo de carga (figura A).

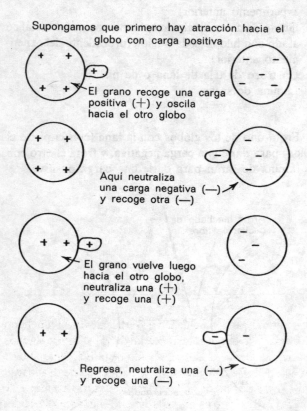

Supongamos que primero hay atracción hacia el globo con carga positiva

El grano recoge una carga positiva (+) y oscila hacia el otro globo

Aquí neutraliza una carga negativa (—) y recoge otra (—)

El grano vuelve luego hacia el otro globo, neutraliza una (+) y recoge una (+)

Regresa, neutraliza una (—) y recoge una (—)

Figura B

Ahora que tiene la misma carga que el globo que ha tocado, será repelido por éste. Como su carga es opuesta a la del otro globo, será atraído hacia éste. Una vez que lo toque el arroz hinchado desprenderá su carga y recogerá la del globo que está tocando. Será repelido y volverá al primer globo, siguiendo un ciclo que se repite.

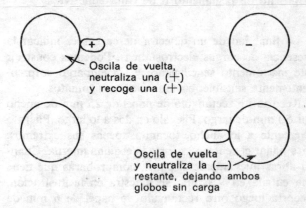

Oscila de vuelta, neutraliza una (+) y recoge una (+)

Oscila de vuelta y neutraliza la (—) restante, dejando ambos globos sin carga

Figura B

Durante cada viaje nuestro granito de arroz hinchado disminuye la carga total de cada globo, al llevar algunos electrones desde el globo cargado negativamente al otro cargado positivamente. Con el tiempo se neutralizarán las cargas de ambos globos y se terminarán los viajes de ida y vuelta. Este es un experimento bastante divertido. Sin embargo, asegúrate de entender perfectamente el por qué el grano actúa como has visto.

CONSTRUCCIÓN DE UN SENCILLO
DETECTOR DE CARGAS ELECTROSTÁTICAS

Materiales que necesitarás
  Corcho
  Aguja de coser
  Trocito de papel liviano
  Trocito de pegamento o de cinta adhesiva

La finalidad de un detector de cargas es indicar la presencia de cargas electrostáticas. Podemos construir este instrumento sencillísimo, y sin embargo sorprendentemente sensible, en tan sólo unos minutos.

Recorta un rectángulo de papel de 25 mm de ancho por 50 mm de largo. Pliégalo en dos a lo largo. Pliégalo levemente a lo ancho, tocando apenas sus extremos, para hallar el centro y recorta la esquina interna. Cuando abras nuevamente el papel, comprobarás que tiene una entalla en V, como se muestra en la ilustración. Recorta luego otro rectángulo de papel de 6 mm de ancho por 37 de largo y pégalo sobre el anterior, centrándolo de manera que el segundo papel se prolongue unos 6 milímetros por encima de la entalla. La ilustración muestra muy claramente el modo de hacerlo. (Si no tienes ningún pegamento, el papel más pequeño podrás sujetarlo con un trocito de cinta adhesiva o, en caso de emergencia, incluso con grapas.)

Con la aguja de coser haz un agujero en el centro del corcho. Invierte luego la aguja y húndela nuevamente con la punta hacia afuera del corcho. Toma ahora el papel preparado anteriormente y equilíbralo sobre la punta de la aguja de modo que pueda girar muy fácilmente. Pon cuidado en no perforar el papel.

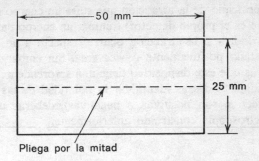

50 mm

25 mm

Pliega por la mitad

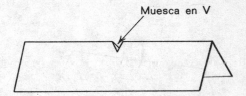

Muesca en V

Para probar el detector, frota un peine, una varilla de vidrio, una estilográfica, un cepillo de dientes u otro trozo de papel con lana, seda, nilón o cualquier otro material que tengas a mano, y pon los objetos frotados *cerca* del detector de cargas (sin tocarlo). Verás que de inmediato girará y apuntará en dirección al objeto cargado.

Puedes comprobar la sensibilidad de nuestro pequeño detector de muchas maneras diferentes. Frota muy poco el objeto y determina la cantidad mínima de rozamiento necesaria para obtener una indicación de carga. Asimismo, mide la distancia a que puede estar el objeto cargado que continúe provocando una indicación clara de presencia de carga.

49

El detector de cargas electrostáticas funciona según el principio de la atracción que sufre un cuerpo neutro (que es el propio detector) frente a un cuerpo cargado. No indica si la atracción ocurre respecto a un objeto cargado positivamente o viceversa. Sin embargo, hallarás que este dispositivo tiene una sorprendente sensibilidad. Si deseas identificar la polaridad de las carga (saber si son positivas o negativas), deberás usar el electroscopio construido anteriormente.

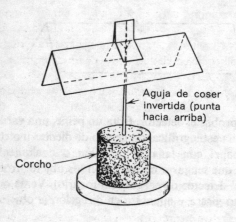

Aguja de coser invertida (punta hacia arriba)

Corcho

Detector de cargas completo

UN TIOVIVO ELECTROSTÁTICO

Materiales que necesitarás
Detector de cargas construido en el experimento pre-
cedente
Vaso o frasco con el que se pueda tapar el detector de
cargas
Trozo de polietileno

Coloca el detector de cargas, construido en el experimento precedente, sobre una mesa y ponle un vaso o
frasco (cerciórate de que esté seco) encima, de manera
que el indicador de papel no roce con el vidrio. Ahora
tienes la posibilidad de desafiar a cualquiera a que haga
girar el detector en cualquier dirección determinada, sin
quitar la cubierta de vidrio. Esta hazaña quizá parezca
imposible, pero es en verdad muy sencilla una vez que
sabes algo sobre electricidad estática.

He aquí cómo hacerlo: sujeta el recipiente de vidrio
con una mano. Con el polietileno en la otra, frota el lado
del recipiente hacia el cual quieres que apunte el detector. (Si no hubiese polietileno, un trozo de tela de seda
o de algodón también cumplirán muy bien igual fun-
ción.) Después de unas cuantas pasadas, el detector de
cargas efectivamente girará y apuntará hacia el lugar
mismo en que estés frotando. Si lo quieres mover en
diferente dirección, frota en otro lugar de la periferia del
recipiente y el detector de cargas apuntará pronto hacia
allí. Si eres muy diestro, quizá puedas frotar el vidrio en
igual dirección por todo el perímetro y el detector irá
siguiendo tu mano mientras frotas. Tienes ahora un tio-
vivo electrostático.

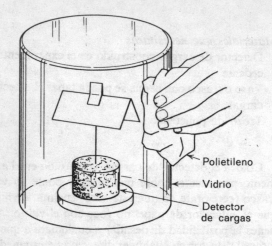

Polietileno

Vidrio

Detector
de cargas

Hay otra manera para hacer que tu detector de cargas cambie de dirección y puedes hacerlo sin siquiera tocar el vidrio con la mano ni con nada. Te bastará con acercar al frasco cualquier objeto provisto de una carga electrostática (tal como una estilográfica, una varilla de plástico, un cepillo de dientes, un globo, etc.) y verás que el detector de cargas apuntará directamente hacia el objeto cargado (consulta los experimentos anteriores acerca de cómo cargar electrostáticamente un objeto). El frotar los pies en una alfombra quizá te dé incluso carga suficiente como para lograr que el detector siga tu dedo conforme lo mueves en torno al recipiente de vidrio.

Lo que ha ocurrido es lo siguiente: En el primer experimento, cuando frotaste el vidrio, diste una carga electrostática positiva a cierta zona del mismo, lo que hizo que el detector de cargas, neutral, fuese atraído por esa zona. En el segundo experimento, pones una carga en el interior del recipiente de vidrio por inducción. Cuando el objeto cargado se acerca al vidrio repele a las cargas semejantes del exterior hacia el interior del recipiente, y las cargas que llegan a desplazarse hasta el interior atraen al detector de cargas. El experimento funcionará sea cual fuere la polaridad de la carga del objeto. Puedes comprobarlo usando primero un objeto cargado y luego el material con que se frotó para cargarlo.

UNA LÁMPARA DE FROTACIÓN

Materiales que necesitarás
  Tubo fluorescente (sirve aunque esté quemado)
  Bolsa de polietileno o lámina de saran

Puedes hacer brillar un tubo fluorescente sin conectarlo a nada y con sólo frotar su superficie con una lámina de saran, una bolsa de polietileno o un trozo de piel o de tela de lana.

El experimento se realiza de manera óptima en una habitación tan oscura como se pueda, porque la luz que produciremos no es muy brillante. Mantén el tubo en una mano y frótalo con suavidad, pero velozmente, teniendo el material utilizado para frotar en la otra mano. Al cabo de unos segundos, el tubo emitirá luz en las zonas en que se lo está frotando. Cuanto más rápidamente frotes, más luz obtendrás. Prueba realizar este experimento frotando con otros materiales y comprueba cuál te da mejores resultados.

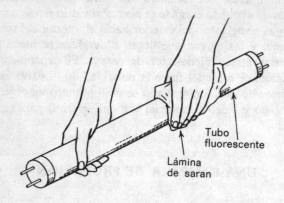

Tubo fluorescente

Lámina de saran

El motivo por el cual se produce luz es el siguiente: El tubo fluorescente se ha llenado con vapor de mercurio, y la superficie interior del vidrio está revestida de un material blanco llamado fósforo. El fósforo despide luz cuando sobre él inciden radiaciones ultravioletas. Al restregar la lámpara, quitamos algunos electrones del vidrio, dando a éste una carga positiva y ocasionando un movimiento de electrones dentro del tubo. Al salir «disparados» electrones a través del tubo, chocan con átomos de vapor de mercurio y producen radiaciones ultravioletas. Éstas a su vez chocan con el fósforo y éste emite luz.

Hace relativamente poco se ha puesto a la venta un nuevo tipo de alumbrado denominado *electroluminescente*. Consta de paneles brillantes en vez de bombillas incandescentes o tubos fluorescentes y tiene mucho en común con la luz que producimos al frotar un tubo fluorescente.

LA SERIE TRIBOELÉCTRICA O ELECTROSTÁTICA

Ahora ya puedes actuar por tu propia cuenta. Puedes experimentar como te dé la gana en electricidad estática, y como guía puedes usar la serie triboeléctrica (llamada también serie electrostática) que se presenta aquí en forma de tabla.

Ya en 1757, J. C. Wilcke observó que diversas sustancias, tales como el vidrio, la seda, la lana y el ámbar, podían disponerse en una serie triboeléctrica. Demostró que al frotar uno con otro dos materiales diferentes ambos se electrizan y acumulan cargas opuestas. El que figure más arriba en la lista entregará electrones y quedará cargado positivamente. El de abajo habrá adquirido esos electrones y adquirirá así una carga negativa.

Cuanto más separados estén en la lista dos materiales, tanto más fácil es trabajar con ellos y tanto mayor será la carga que acumulen al frotarlos. Puedes determinar la presencia y naturaleza de la carga mediante el detector de cargas o el electroscopio. La cantidad exacta de carga de cada cuerpo depende de su estructura molecular y también del estado de su superficie.

Polaridad positiva (+)

Amianto
Piel de conejo
Vidrio
Mica
Nilón
Lana

Piel de gato
Seda
Papel
Algodón
Madera
Resina acrílica
Lacre
Ámbar
Poliestireno
Polietileno
Globo de goma
Azufre
Celuloide
Caucho duro
Saran

Polaridad Negativa (−)

MAGNETISMO

INTRODUCCIÓN

Los antiguos griegos descubrieron que ciertas piedras que se hallaban cerca de la ciudad de Magnesia, en Asia Menor, tenían la propiedad de atraer trocitos de hierro. Por dicha localización, llamaron *magnetitas* a tales piedras. La leyenda nos habla también de un muchacho pastor llamado Magnes, que metió su cayado de hierro en un agujero que contenía magnetita y ya no pudo sacarlo. Otro cuento que se remonta a unos 2300 años se refiere a Ptolomeo Filadelfo, que mandó hacer de magnetita la cúpula entera de un templo de Alejandría, de modo que pudiese suspender una estatua en el aire. El experimento fue un fracaso. Actualmente se sabe que la magnetita es un mineral de hierro (un compuesto químico del hierro, y del gas oxígeno) que posee cualidades magnéticas. Es un producto natural sin refinar y se encuentra prácticamente en cualquier parte del mundo. A la magnetita se la llama también «piedra imán».

El primer relato legendario acerca del uso del imán para señalar direcciones se remonta al año 2637 a. de C.: Huang-Ti, de quien se dice que fundó el imperio chino y reinó durante 100 años, estaba persiguiendo a Chi-Yin, príncipe rebelde. Perdido en la niebla que avanzaba desde la extensa llanura, y a punto de perder la pista del vasallo traidor, Huang-Ti construyó un carro en el cual montó una figura femenina que señalaba siempre hacia el sur, con independencia de la dirección seguida por el carro. Con ayuda de esta brújula primitiva pudo seguir y capturar al príncipe rebelde.

Para muchos de los experimentos de este capítulo necesitarás un imán permanente. Los imanes de acero que se venden suelen tener la forma de una barra recta o de la letra U. A estos últimos se les llama a veces imanes de herradura, y suelen ser más potentes porque el espacio entre sus polos (llamado *entrehierro*) es menor. En las ilustraciones aparecen indistintamente ambos tipos y en la práctica pueden intercambiarse en casi todos los experimentos.

Los imanes hechos de la aleación llamada *alnico* (aluminio, níquel y cobalto) son mucho más potentes que los de acero y se usan en casi todos los altavoces fabricados actualmente. En los talleres de reparación de radios es fácil poder conseguir altavoces desechados. Sus imanes tienen forma de disco de un par de centímetros de diámetro y otro tanto de espesor, y son excelentes para nuestros experimentos. Si es necesario comprar un imán, por la diferencia de precio vale la pena obtener uno hecho de alnico.

Si no puedes obtenerlos de otra parte, podrás extraer imanes útiles para estos experimentos de dispositivos tales como juguetes magnéticos, cierres magnéticos de puertas y un gran número de objetos que incorporan imanes y que podrás comprar en las ferreterías. Los imanes de herradura de la variedad comercial más barata no sirven en general para estos experimentos porque, para empezar, son muy débiles y además pierden muy rápidamente su magnetismo.

Hay tres clases de imanes: 1) la magnetita o piedra imán que es de origen natural; 2) el imán permanente que es artificial y que usaremos en este capítulo, y 3) el electroimán, que es un imán momentáneo y artificial, que veremos en el capítulo siguiente.

CÓMO LEER TU BRÚJULA

Materiales que necesitarás
Brújula (basta con una muy barata)

En muchos de nuestros experimentos necesitaremos la ayuda de una brújula. Este pequeño y útil instrumento no se creó originalmente para usos experimentales, sino más bien, como todos sabemos, como una ayuda importantísima para la navegación. Vamos a descubrir cómo se usa una brújula.

Si observas una brújula, verás que es redonda y que lleva señaladas al menos las cuatro letras N, E, S, O, que significan norte, este, sur, oeste. Tal vez hayan otras cuatro marcas formadas por una combinación de esas cuatro letras, tales como NE, SE, SO, NO, que representan noreste, sureste, suroeste y noroeste. Ocupan, como podrás observar, una posición intermedia entre las dos direcciones cuyas letras se usan. Por ejemplo, NE indica una posición que está exactamente a mitad de camino entre el norte (N) y el este (E).

Verás también que en el centro de la brújula hay una aguja sobre un soporte que le permite girar libremente cuando se sostiene la brújula en posición horizontal. Esta agujita tendrá o bien un extremo azul y el otro sin color, o bien tendrá una flecha en un extremo.

Para usar la brújula, pónla horizontal sobre una mesa. Al cabo de algunos segundos la aguja quedará en reposo y señalará hacia una dirección determinada. Haz girar la caja de la brújula de manera que el extremo azul o la flecha de la aguja se alinee exactamente con la N señalada sobre la caja. Eso es todo lo que hay que hacer para usar una brújula. Notarás que conforme hacías girar la caja, la aguja misma permanecía en su lugar señalando en la misma dirección, con la flecha o el extremo azul *apuntando siempre hacia el Norte*. Ahora que está a punto la brújula, puedes decir, dando apenas un vistazo, hacia dónde quedan el este, el oeste, el norte o el sur con sólo mirar las marcas de la caja. Si miras desde arriba la brújula y ocurre que el norte está frente a ti, el este estará a tu derecha, el oeste a tu izquierda y el sur detrás.

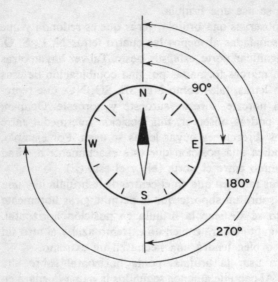

La caja o esfera de la brújula lleva también grabados números, empezando desde cero en N, siguiendo en la dirección de los punteros del reloj hasta 360, que cae nuevamente en N. Estos números indican grados. Nos dicen cuántos grados nos faltan para llegar al norte, de manera que:

El este está a 90 grados del norte

El sur está a 180 grados del norte

El oeste está a 270 grados del norte.

Es importante que sepas cómo usar una brújula, porque en uno de nuestros experimentos tendremos que determinar cuál es la dirección norte-sur a fin de poder imanar una varilla usando el campo magnético de la tierra.

60

¿QUÉ ATRAERÁ UN IMÁN?

Materiales que necesitarás
Imán
Objetos sometidos a prueba (véase el texto)

Un imán, según hemos aprendido, es un objeto que tiene la capacidad de atraer al hierro y a otros materiales metálicos. La atracción del imán se llama magnetismo. Esta es una fuerza invisible que puede advertirse sólo por el esfuerzo que produce. Cuando un material queda imantado, no cambia ni su peso ni su tamaño ni su aspecto, de modo que ni mirándolo, ni pesándolo, ni midiéndolo, podemos saber si es o no un imán. El magnetismo tampoco puede saborearse, olerse o tocarse. Para probar esto, mantén un imán cerca de tu oído y escucha; trata luego de olerlo o saborearlo, y verás que de ninguna manera puedes afirmar que de hecho estás en presencia de un imán.

Veamos qué materiales son atraídos por un imán. Junta numerosos objetos tales como sujetapapeles, alfileres, clavos, un vaso, un trozo de papel, un objeto de aluminio, una caja de estaño, algunas agujas, monedas, un elástico, un trozo de madera, una tira de cartulina, un lápiz, algún objeto de plástico, y cualquier otra cosa que quieras probar.

Acerca el imán a cada uno de estos objetos, de uno en uno, y separa los que son atraídos de los que no lo son. Si tu observación es cuidadosa, hallarás que sólo los materiales que contengan hierro, acero, cobalto, o níquel (conjuntamente o por separado) son atraídos en mayor o menor grado por el imán. Todos los demás no lo son. Si el imán es fuerte y los objetos son pequeños o livianos incluso saltarán para alcanzarlo.

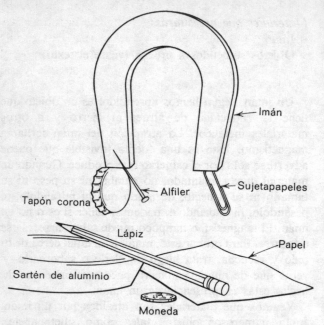

A los materiales que son atraídos por el imán se les denomina materiales magnéticos, y todos los demás son materiales no magnéticos. Es interesante probar con un imán los diversos objetos que normalmente se encuentran en una habitación.

Cuando un objeto es atraído por el imán, podemos sentir efectivamente el tirón del magnetismo cuando tratamos de separarlos. Parece como si una fuerza invisible estuviese tratando de mantener unidos ambos objetos. En el momento de separarlos se siente como si se estuviese estirando una cinta elástica.

Además del magnetismo, hay otras fuerzas naturales que tampoco pueden verse, pero cuyo efecto se siente cada día. Tal es, por ejemplo, la atracción gravitatoria que la Tierra ejerce sobre todo lo que está sobre ella y que nos evita el ser arrojados al espacio. Esta es una fuerza que ciertamente no podemos «ver». Otra es el viento, que puede ejercer una fuerza enorme y sin embargo es completamente invisible.

LÍNEAS MAGNÉTICAS

Materiales que necesitarás
Al menos un imán (preferiblemente dos o tres)
Trozo de vidrio o de cartón bastante rígido
Limaduras de hierro, o esponja de lana de acero

El espacio en el cual un imán es eficaz se llama su *campo magnético*. Para demostrar su existencia, acercamos un imán a un material magnético y vimos que aún antes de tocarlo, una fuerza invisible atraía el material hacia el imán. Un sujetapapeles y un imán ilustran con sencillez ese hecho. Asimismo podemos hacer con gran facilidad una representación visible de este campo.

Pon un imán debajo de un trozo de vidrio o de cartón rígido. Desde unos 25 centímetros de altura espolvorea limaduras de hierro sobre la zona bajo la cual está el imán. Tamborilea suavemente el cartón y verás que las limaduras adquieren una configuración nítida (figura A). Esa es la configuración del campo magnético existente alrededor del imán. Si para desparramar las limaduras empleas un salero, obtendrás una mejor dispersión por toda la zona.

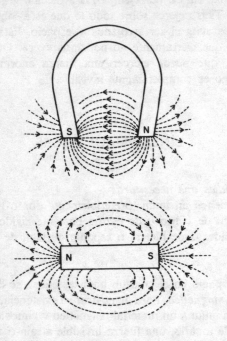

Figura A

Las líneas que aparecen son en efecto el camino invisible sobre el cual actúa el magnetismo (fue Michael Faraday quien las llamó *líneas magnéticas*). El campo magnético, que está lleno de estas líneas, se extiende en todas direcciones alrededor del imán, y no sólo en la superficie en que están dispuestas nuestras limaduras. Demostraremos esto en el experimento siguiente. El conjunto de las líneas magnéticas de fuerza sumadas se llama *el flujo* del imán.

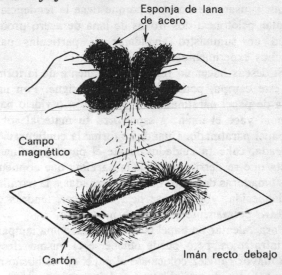

Figura B

Las limaduras de hierro pueden obtenerse fácilmente pasando una lima sobre un clavo u otro objeto de hierro y recogiendo el material así producido. Si este método no resulta práctico, probablemente puede encontrarse limadura en alguna ferretería, o herrería. Otra manera eficaz de demostrar la forma de un campo magnético es usar lana de acero. Ésta producirá fácilmente las pequeñas partículas necesarias y no se precisarán limaduras de hierro. El modo de proceder es el siguiente: Toma dos trocitos de lana de acero y frótalos con tus manos sobre el cartón bajo el cual se ha colocado el imán (figura B). De estos dos trozos de lana de acero caerán trocitos muy pequeños de metal, que por sí mismos se alinearán siguiendo las líneas de fuerza magnéticas que existen alrededor del imán. Este material no es fácil de reunir y usar nuevamente, porque tiene la tendencia a formar pelotones; dos trozos de lana de acero producirán un suministro abundante de partículas para muchos experimentos.

Si deseas hacer un registro permanente de la forma de este campo, podrás hacerlo como sigue: Pon una hoja de papel parafinado sobre el cartón o vidrio bajo el cual yace el imán, y espolvorea tu material sobre el papel parafinado. Cuando se forme la configuración deseada, calienta cuidadosamente el papel parafinado hasta que se derrita parte de la parafina que contiene. Las limaduras de hierro quedarán pegadas a la parafina reblandecida, y si ésta se deja endurecer, tendrás un registro permanente del campo magnético.

Para calentar un papel puede emplearse una lámpara de infrarrojos, pero puede obtenerse el mismo efecto con mayor rapidez colocando el papel en un horno no muy caliente. Apaga el horno, y deja que la parafina se solidifique sin mover el papel. Así evitarás el riesgo de distorsionar la configuración.

Otros interesantes campos magnéticos pueden demostrarse usando varios imanes y mostrando las formas que adquiere el campo magnético cuando se enfrentan polos semejantes y contrarios (figura C).

Cuando se enfrentan polos contrarios, las líneas de fuerza se extienden desde el polo norte de uno de los imanes hasta llegar al polo sur del otro. En cambio, cuando se ponen polos semejantes frente a frente, se obtiene una configuración diferente que va del polo norte al polo sur de cada uno de los imanes.

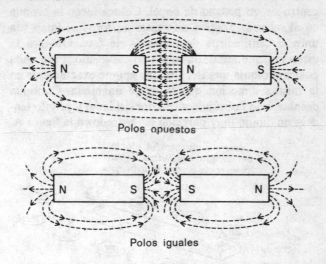

Polos opuestos

Polos iguales

Figura C

DEMOSTRACIÓN DE LAS LÍNEAS MAGNÉTICAS DE FUERZA CON UNA BRÚJULA

Materiales que necesitarás
  Brújula
  Imán de barra
  Trozo de papel y un lápiz

Con una brújula y un imán podemos también mostrar esas líneas magnéticas de fuerza en realidad imaginarias, que existen en torno a un imán. Pon el imán en el centro de un pedazo de papel. Coloca luego la brújula en al menos 15 sitios diferentes en torno al imán y a unos 5 centímetros de distancia de éste. Observa la dirección que señala la aguja en cada sitio. Para cada posición dibuja una flechita que apunte exactamente en la misma dirección que la aguja imantada. Continúa desplazando la brújula alrededor del imán y pronto tendrás un dibujo muy parecido al ilustrado en la figura A.

Cómo se muestra el efecto del campo magnético de un imán recto sobre una brújula

Figura A

Si miras con cuidado las flechitas, verás que todas se apartan de un polo y apuntan hacia el otro, indicando la misma dirección para todas las líneas de fuerza.

Repite el mismo experimento, pero esta vez desplaza

la brújula a unos 75 milímetros del imán. Nuevamente comprobarás que las flechitas apuntan a la misma dirección que antes, mostrando que también allí hay líneas magnéticas de fuerza. Repite el experimento a mayor distancia o, tal vez, inténtalo un poco más cerca del imán y pronto verás que las líneas magnéticas de fuerza se prolongan en todas direcciones desde el imán.

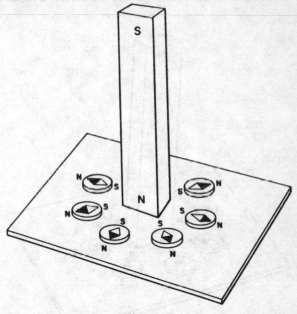

Figura B

Podemos también demostrar que las líncas magnéticas de fuerza se extienden no sólo en este plano sino en todos los planos. Haz girar el imán de costado o sobre su arista y repite el experimento desplazando otra vez la brújula alrededor. Verás que las líneas magnéticas de fuerza nuevamente siguen la misma dirección que antes. Esto prueba que el campo magnético se extiende en torno al imán en todos los planos.

Si tienes dos imanes de igual potencia, colócalos a unos 8 centímetros de distancia entre sí en el centro de una gran hoja de papel. Traslada la brújula en torno a los dos imanes y dibuja las flechas. Éstas te mostrarán la configuración del campo existente en torno a ambos.

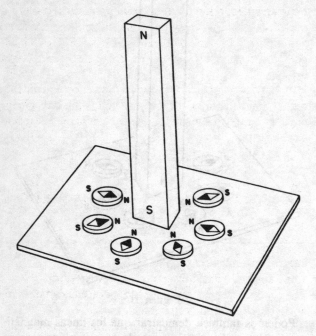

Figura C

Haz descansar el imán recto sobre uno de sus polos, según se ilustra en las figuras B y C, y sitúa nuevamente la brújula en varios lugares en un círculo en torno a los polos. Es muy interesante el hecho de que esta vez la brújula señale hacia el imán o en sentido contrario con independencia del lugar de la periferia en que esté situada. Esto muestra que en todo el entorno del polo las líneas magnéticas de fuerza siguen la misma dirección. Señalan *hacia* el polo si es un polo sur, o se *apartan de él* si es un polo norte el que se apoya en el papel. Si no se cuenta con un imán recto, este experimento puede realizarse apoyando un polo de un imán de herradura u otro tipo, sobre un extremo de un clavo largo o de una aguja para tejer y manteniendo el otro extremo del clavo sobre el papel mientras se desplaza a su alrededor la brújula.

A partir de los experimentos antedichos es evidente que el magnetismo se extiende en todas las direcciones posibles en torno a los polos de un imán hacia el espacio circundante.

CÓMO MOSTRAR UN CAMPO MAGNÉTICO TRIDIMENSIONAL

Materiales que necesitarás

Recipiente transparente de plástico o vidrio

Aceite de cocina del utilizado para ensaladas (suficiente para llenar el recipiente)

Polvo o limaduras de hierro (también serviría una esponja de lana de acero)

Uno o dos imanes permanentes

He aquí otra manera de ilustrar un campo magnético. Éste revelará efectivamente el campo en tres dimensiones y constituye una exhibición mucho más eficaz que la del experimento precedente.

Frota dos trozos de lana de acero (del tipo que no está impregnado de jabón) entre sí. Bajo la lana de acero deberías tener una hoja de papel sobre la cual recoger los pedacitos de metal que caerán a causa del frotamiento. Toma estos pedacitos de esponja de acero (o el polvo o limaduras de hierro, según lo que tengas) y pónlos en el recipiente. Agrega luego el aceite hasta casi llenarlo y ciérralo apretando bien la tapa. Mezcla el metal con el aceite sacudiendo vigorosamente.

El material se distribuirá por todo el aceite. Mantén un polo del imán cerca de un costado del recipiente. Las limaduras se alinearán cerca del polo y adoptarán la forma del campo magnético presente en torno a ese polo. Repite el experimento usando el otro polo del imán y verás que la configuración será igual a la anterior. Usa luego dos imanes y mantén uno a cada lado del recipiente. Las limaduras se distribuirán en torno a los dos polos del imán, y la configuración que obtengas dependerá de si los polos enfrentados son iguales o contrarios. Si son contrarios, las limaduras mostrarán muy claramente la atracción entre ambos, y si son semejantes, la tendencia a apartarse uno de otro también quedará en evidencia. (Guarda el recipiente con su mezcla de aceite y limaduras para futuros experimentos. Recuerda que debe agitarse antes de usarlo a fin de distribuir las partículas metálicas.)

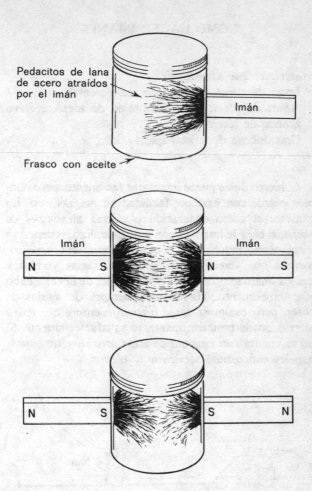

Pedacitos de lana de acero atraídos por el imán

Imán

Frasco con aceite

Imán   Imán

N   S   N   S

N   S   S   N

CÓMO HACER IMANES

Materiales que necesitarás
  Imán de alnico (u otro que sea potente)
  Aguja de coser, aguja para tejer, de acero, o clavo
  grande de hierro
  Una docena de sujetapapeles

El hierro dulce puede imantarse fácilmente, pero también pierde con bastante facilidad su magnetismo. En cambio, el acero endurecido o ciertas aleaciones de acero, si bien se imantan con más dificultad, retienen su magnetismo mucho más tiempo. En numerosos experimentos que veremos, nos serán necesarias varillas y agujas imantadas de modo que no dejes de llevar a cabo este experimento. Hablaremos siempre de agujas de coser, pero cualquier aguja o clavo (siempre que tenga hierro) puede también imantarse satisfactoriamente. Si no se cuenta con ninguno de estos artículos, un sujetapapeles enderezado servirá muy bien.

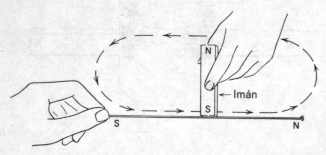

Figura A

Para imantar la aguja entera de una vez, sujétala con una mano y frótala con un polo del imán unas diez veces tal como se muestra en la figura A. No se trata de un movimiento de vaivén, sino unidireccional. Aparta el imán de la aguja tan pronto llegues al extremo donde termina el movimiento.

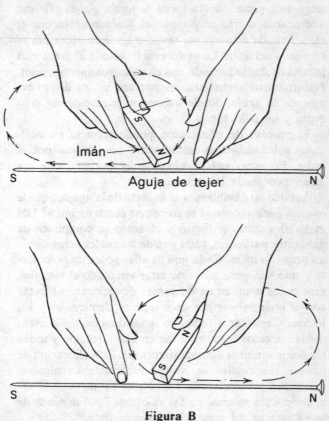

Figura B

Para imantar la aguja por mitades sujeta el imán con una mano y la aguja con la otra. Frota la aguja *desde su centro* hacia un extremo con un polo del imán permanente. Para hacerlo, coloca cuidadosamente el polo del imán en el centro de la aguja, manténlo allí y haz resbalar el imán hacia el extremo (figura B). Repite esto unas diez veces. Sujeta luego la aguja por el extremo que acabas de frotar y repite el procedimiento con el otro. Frótalo esta vez un número igual de veces *con el otro polo* del imán. La aguja está imantada ahora, como puedes probarlo tocando con ella algunos sujetapapeles. Naturalmente serán atraídos por uno de los dos extremos de la aguja, donde habremos producido un polo norte y un polo sur.

El proceso de imantación puede seguirse en cualquier substancia que inicialmente sea atraída por el imán. En otras palabras, cualquier material que sea magnético puede imantarse.

Aunque no cambiamos el aspecto de la aguja, ¿qué le ocurrió para hacer que se comporte como un imán? Los materiales como el hierro y el acero se componen de diminutas partículas, cada una de las cuales actúa como un pequeño imán. Cada una de ellas posee un polo norte y uno sur, pero antes de estar imantado el material, esos polos apuntan en diferentes direcciones. Al frotar con el imán, alineamos esos imanes elementales y los hacemos apuntar a todos en igual dirección. Es decir, todos los polos norte apuntan en una dirección y todos los polos sur en la opuesta (figura C). Esta alineación de imanes elementales se realiza fácilmente en algunos materiales y es más difícil en otros. En algunos la alineación dura mucho, no así en otros. Todo depende de la naturaleza del material de que se trate.

Si deseas ubicar los polos norte y sur en determinada dirección, recuerda que aquel extremo de la aguja que tocó *por última vez* el polo sur se ha convertido en un polo norte y que el extremo frotado con el polo norte se convierte en polo sur. Puedes verificar esta polaridad con una brújula.

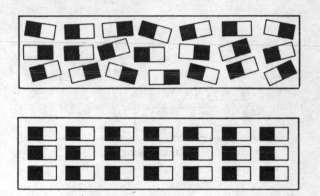

Figura C

LOS POLOS IGUALES SE REPELEN Y LOS DIFERENTES SE ATRAEN

Materiales que necesitarás
  Imán
  Aguja de coser
  Medio metro de hilo

Imanta la aguja de coser tocándola con el imán, tal como en el experimento precedente. Enhebra la aguja y cuélgala de unos quince centímetros de hilo, de modo que pueda oscilar libremente.

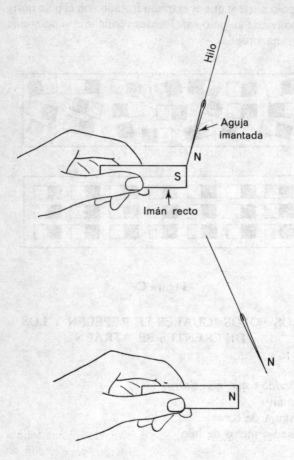

Hilo

Aguja imantada

N

S

Imán recto

N

Aproxima lentamente a la punta de la aguja imantada, desde abajo, uno de los polos del imán. Ocurrirá uno de dos fenómenos. La aguja será atraída o repelida por ese polo. Si acercas a la punta de la aguja un polo de igual polaridad, es decir, si esa punta es un polo norte y le acercas el polo norte del imán, habrá repulsión y la aguja tenderá a apartarse. Pero si el polo contrario se acerca a la punta, habrá una gran atracción entre imán y aguja. Trata de no tocar el imán con la aguja en ningún momento de este experimento pues al retirar el imán es posible que se invierta o se neutralice la polaridad del campo magnético de la aguja, según cómo se separe el imán de ésta.

Este sencillísimo experimento demuestra una de las leyes básicas del magnetismo, que expresa que los polos magnéticos iguales se repelen y los diferentes se atraen entre sí. Podemos ver también claramente que en torno al imán hay un espacio en el que se hace sentir su fuerza magnética.

EL MAGNETISMO VENCE A LA GRAVEDAD

Materiales que necesitarás
   Imán
   Sujetapapeles
   Un metro de cordel o hilo

Cuelga un imán de modo que quede a unos treinta centímetros de una mesa. Ata un sujetapapeles con un cordel. Sujeta el extremo libre del cordel a la mesa con un libro u otro objeto pesado y deja que se extienda lo suficiente como para que el sujetapapeles llegue hasta más o menos un centímetro del imán colgado. Mantén el imán de manera que no oscile y luego suelta imán y sujetapapeles. Oponiéndose al parecer completamente a las leyes de la gravedad, el sujetapapeles quedará flotando en el aire sin un medio de apoyo visible. Lo que en verdad está ocurriendo es que el imán atrae al sujetapapeles, pero que ambos no pueden tocarse a causa de la restricción ejercida por la cuerda.

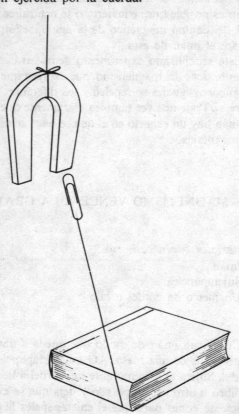

Cuanto más potente sea el imán, tanto mayor será la distancia a la cual actuará sobre el sujetapapeles. Si aumentas demasiado esa distancia, la fuerza de atracción del imán no será suficiente como para vencer a la fuerza de gravedad y el sujetapapeles caerá. Si esto ocurre, monta otra vez el experimento. Sencillamente, acerca más entre sí imán y sujetapapeles alargando la cuerda que uses. Podrás pasar materiales no magnéticos tales como papel, vidrio, cartulina o plástico entre el imán y el sujetapapeles flotante. No crearán ningún efecto. Las líneas de fuerza magnéticas pasan a través de esos materiales. Ensaya luego con algún material magnético, tal como una delgada placa de hierro o acero, como por ejemplo la hoja de un cuchillo. El sujetapapeles caerá, puesto que estos materiales ofrecen una ruta fácil para el magnetismo y por tanto actúan como blindaje. Esta es una manera más de demostrar que existe una fuerza invisible en torno a los polos de un imán que le permite a éste atraer materiales magnéticos.

También puede demostrarse el magnetismo inducido colgando otro sujetapapeles de la parte inferior del que está suspendido en el aire. Vemos que el primer sujetapapeles no sólo es atraído por el imán sino que se ha convertido a su vez en un imán a consecuencia del magnetismo inducido y por consiguiente ejerce una fuerza atractiva sobre el segundo sujetapapeles. Intenta luego agregar un tercer sujetapapeles.

Este último experimento muestra claramente que un trozo de hierro o acero puede llegar a imantarse no sólo por contacto con un imán, sino también cuando está cerca de él.

MAGNETISMO INDUCIDO Y RESIDUAL

Materiales que necesitarás
Varios sujetapapeles
Imán

Cuando se acerca un imán a un material magnético, su influencia es tal que la punta del material más cercana al imán adquiere una polaridad opuesta a la del extremo del imán que se le enfrenta. Como los polos opuestos se atraen, el imán y el material se atraerán entre sí aunque el material mismo no sea un imán. Tal como descubrimos en un experimento anterior, cada molécula del material se alineará en la dirección del campo magnético. Tan pronto como se retira el imán, las moléculas vuelven a orientarse desordenadamente según se hallaban antes. El magnetismo que existía en el material era pues sólo momentáneo. Es decir, fue inducido en el momento en que el material estuvo en contacto con el imán. Esto podemos probarlo muy sencillamente.

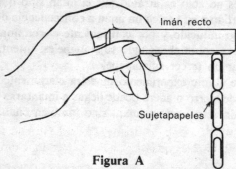

Imán recto

Sujetapapeles

Figura A

Haz que uno de los polos de un imán retenga un sujetapapeles. Si tocas el otro extremo de éste con otro sujetapapeles, este último, tal como vimos en el experimento
precedente, será retenido por la atracción magnética del
primero (figura A). Quizá un tercer sujetapapeles pueda
colgarse del segundo, y así sucesivamente. Esto ocurre
porque nuestro imán *induce* magnetismo en el sujetapapeles que lo toca. Éste, a su vez induce magnetismo en el
segundo sujetapapeles, de modo que también él se convierte en un imán y es así capaz de atraer al tercer sujetapapeles. Tan pronto como se retira el imán, lo probable es que los sujetapapeles se separen. Decimos probablemente porque el que se separen o no depende de la
*retentividad** del material de que están hechos los sujetapapeles.

Retentividad es una palabra que indica el tiempo
durante el cual una substancia puede retener su magnetismo una vez retirada la fuerza imanante. Si dos de los
sujetapapeles siguen adhiriéndose, ello indica que, al
menos en uno de ellos, el magnetismo no ha desapareci-
do del todo y que las moléculas han mantenido su alineación después de retirado el imán inductor. El magnetismo que permanece a consecuencia de la retentividad
del material se denomina *magnetismo residual*.

Si luego aproximas lentamente *el otro polo* del imán
al extremo del sujetapapeles que antes colgaba del imán
(figura B), verás que antes de producirse el contacto
entre ambos, los sujetapapeles se separarán. Esto ocurre
porque ahora están induciendo magnetismo de polaridad opuesta, y el extremo inferior del sujetapapeles tendrá ahora una polaridad igual a la del extremo superior
del sujetapapeles que ha estado reteniendo. Como sabe-

* Más conocida científicamente por *histéresis magnética* (N. del E.).

mos, los polos iguales se repelen, y los sujetapapeles se separarán.

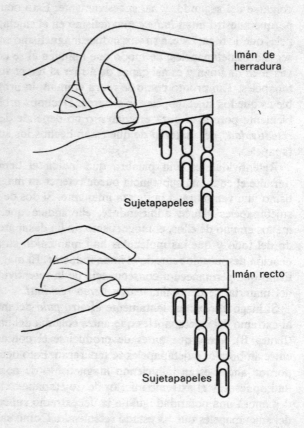

Imán de herradura

Sujetapapeles

Imán recto

Sujetapapeles

Figura B

Otra manera de demostrar el magnetismo inducido es hundir un extremo de una barra o clavo de hierro dulce

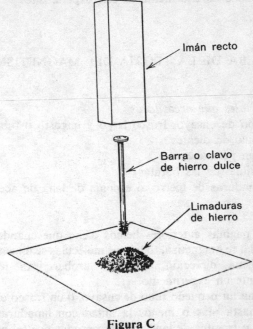

Imán recto

Barra o clavo
de hierro dulce

Limaduras
de hierro

Figura C

en un montón de limaduras de hierro (figura C). Las limaduras no se pegarán al clavo o barra cuando lo saques. Acerca un imán permanente al extremo superior del clavo mientras su otro extremo está metido en las limaduras (no es preciso tocar el clavo con el imán; basta con acercarlo). Levanta luego imán y clavo y verás que algunas limaduras se adhieren a éste. Aleja el imán y el clavo perderá la mayor parte de su magnetismo. La mayoría de las limaduras caerán. Algunas seguirán adheridas a causa del magnetismo residual del clavo.

Da media vuelta al imán, acércalo nuevamente al clavo y esas últimas limaduras caerán por los motivos ya explicados anteriormente en este experimento.

PRUEBA DE LA TEORÍA DEL MAGNETISMO

Materiales que necesitarás
  Tubo de ensayo, frasco largo y angosto o tubo de cepillo de dientes
  Imán permanente
  Brújula (de las baratas)
  Limaduras de hierro, o esponja de lana de acero

En páginas anteriores hemos dicho que cuando un material se magnetiza, todas sus moléculas se alinean en la misma dirección. Podemos probar esta teoría mediante un experimento.

Llena un pequeño tubo de ensayo, o un frasco estrecho, hasta más o menos la mitad con limaduras de hierro o trocitos de lana de acero producidos tal como en experimentos precedentes. Estos pedacitos de material harán aquí el papel de moléculas. Acerca el fondo del tubo a una brújula. Atraerá a cualquiera de ambos extremos de la aguja tal como lo haría cualquier otra substancia magnética. Pasa luego un polo de un imán potente de uno a otro extremo del tubo (figura A) y después acerca nuevamente el tubo a la brújula (figura B).

Descubrirás que ahora actúa como un imán, y que por tanto atrae a un extremo de la aguja, pero repele al otro. Lo que ha ocurrido es que cada trocito se ha alineado de modo que su polo norte apunta en igual dirección que el de los demás trocitos. Por consiguiente, hemos producido en efecto un imán.

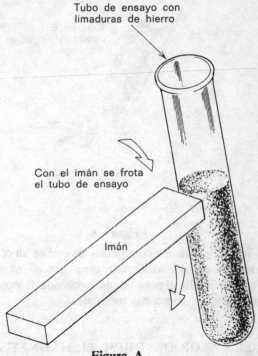

Tubo de ensayo con limaduras de hierro

Con el imán se frota el tubo de ensayo

Imán

Figura A

Para probar nuestra teoría, agita vigorosamente el tubo de manera que los pedacitos de metal se desordenen. Acerca una vez más el tubo a la brújula. Ahora se comportará tal como lo hacía antes de que lo imantáramos. Al agitar los trocitos de metal les hemos hecho perder su alineación magnética uniforme.

87

Tubo de ensayo con limaduras de hierro imantadas

Figura B

Son experimentos como éstos los que en un comienzo indujeron a los científicos a creer que el magnetismo proviene de la alineación de pequeños trozos de un material tales como sus moléculas.

EL CALOR DESTRUYE EL MAGNETISMO

Materiales que necesitarás
  Brújula
  Aguja de coser
  Fuente de calor (cerillas)
  Alicates

Pon la brújula sobre un vaso invertido o sobre cualquier otro material no magnético que la mantenga a unos 10 centímetros o más por encima de la superficie en que estés trabajando. Sujeta la aguja con los alicates. Acerca su extremo libre a un extremo de la aguja de la brújula y luego al otro. El efecto de atracción será igual en ambos casos.

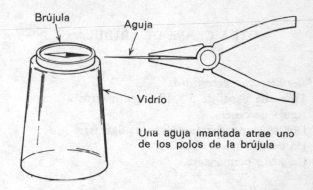

Una aguja imantada atrae uno de los polos de la brújula

Imanta luego la aguja frotándola con un imán tal como lo hemos hecho en experimentos anteriores. Sujeta otra vez la aguja con los alicates y acércala a la brújula en una dirección que sea perpendicular a aquella que esté señalando. Es decir, puesto que la brújula apunta al norte, acércate a ella desde el este o el oeste. Esta vez sólo uno de los polos será atraído hacia la aguja. El otro será repelido porque la aguja es ahora un imán.

Pon luego una cerilla encendida u otra llama bajo la aguja recién imantada y manténla allí unos segundos. Acerca otra vez la aguja a la brújula y verás que nuevamente atrae a ambos polos tal como antes de que la imantáramos. La aguja ha dejado de ser un imán.

Lo que hemos hecho en este caso es probar una de las teorías del magnetismo. Es la que afirma que el calor hace que las moléculas de un material imantado se reajusten de manera desordenada y que el material pierda así su magnetismo puesto que los polos moleculares ya no apuntan en igual dirección.

OTRA CLASE DE BRÚJULA

Materiales que necesitarás
  Trozo de papel de 5 × 12,5 centímetros
  Aguja de coser
  Dos sujetapapeles (u otras dos agujas)
  Un corcho
  Un imán permanente

Pliega el papel a lo largo por la mitad de modo que forme un pequeño techo, como el de la figura A. Endereza los sujetapapeles y hazlos pasar (o bien las agujas) a través del papel, uno a cada lado. Pon luego el papel plano sobre la mesa e imanta los dos sujetapapeles (o agujas) frotándolos unas veinte veces con el imán, empezando por un extremo y terminando por el otro. (Después de frotar en una dirección levanta el imán para volver atrás y frota nuevamente en igual dirección con el mismo polo del imán.) Ahora cada sujetapapeles tendrá un polo norte y un polo sur, estando el polo norte de cada uno en el mismo extremo, siempre que los hayas frotado ambos en la misma dirección y con el mismo polo del imán.

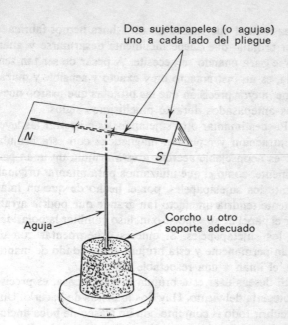

Dos sujetapapeles (o agujas)
uno a cada lado del pliegue

N

S

Aguja

Corcho u otro
soporte adecuado

Figura A

Clava una aguja de coser en el centro del corcho y
con la punta hacia arriba. Equilibra el papel sobre la
punta de la aguja, poniendo gran cuidado en no perforar el papel, de manera que oscile libremente. Cerciórate de poner muy lejos el imán que empleaste, y da
un golpecito al papel de modo que dé una o dos vueltas
sobre la aguja. Al quedar en reposo estará apuntando
en cierta dirección. Dale otro golpecito y verás que termina por pararse manteniendo dicha dirección. Un
extremo señalará hacia el norte y el otro hacia el sur.
Escribe la letra N en el lado que apunta al norte y la

letra S en el que apunta al sur. Ahora hemos fabricado una brújula, que puede fácilmente desarmarse y guardarse para cuando se necesite. A pesar de ser tan sencilla, es un instrumento muy exacto y sensible y quizás tiene mayor precisión que las brújulas que usaron nuestros antepasados durante muchísimos siglos.

Puedes imantar otro sujetapapeles e ilustrar las leyes de atracción y repulsión magnéticas con esta brújula. No es aconsejable acercar a esta brújula un imán permanente, como el que utilizamos para imantar originalmente los sujetapapeles, por el hecho de que un imán potente tendría un efecto tan grande que podría arrancar el papel de su soporte o incluso cambiar la polaridad de los sujetapapeles. Si quieres experimentar con un imán permanente y esta brújula, ten cuidado de mantener el imán a una respetable distancia.

Si deseas usar esta brújula fuera de casa, es preciso protegerla del viento. Hay dos maneras de hacerlo. Una es cubrir todo el conjunto con un frasco de boca ancha. La otra manera, y tal vez la preferible, consiste en suspender el papel doblado de un hilo fino pasado a través de un agujero situado en el centro en el que antes se colocaba la punta de la aguja clavada en el corcho. Se hace un nudo en el hilo por la cara inferior del papel. El otro extremo del hilo se ata a un lápiz o a un mondadientes. El conjunto se suspende en el interior de una botella o frasco, de manera que el papel con los alambres imantados cuelgue en el interior, sostenido por el lápiz atravesado sobre la abertura de la botella (figura B). Prueba esta brújula para cerciorarte de que gira libremente y se alinea en una dirección norte-sur.

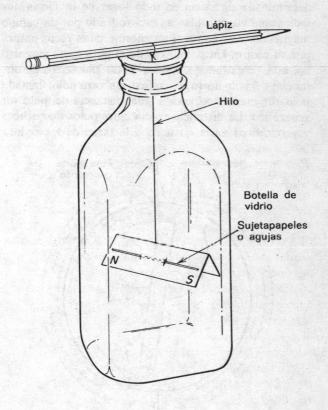

Lápiz

Hilo

Botella de vidrio

Sujetapapeles o agujas

N

S

Figura B

93

LA TIERRA COMO UN IMÁN

El hecho de que la aguja de una brújula se alinee en determinada dirección en todo lugar de la Tierra nos indica que nuestro planeta está rodeado por un campo magnético, casi como si un enorme imán recto pasara por su centro. Un polo, llamado el polo norte magnético, está cerca (bueno, a unos 2 000 kilómetros de distancia) del polo norte geográfico, y el otro polo, llamado polo sur magnético, está a igual distancia del polo sur geográfico. La distancia exacta entre polos magnéticos y geográficos varía un poco a lo largo de los siglos.

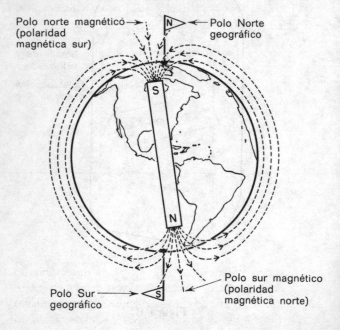

Polo norte magnético →
(polaridad
magnética sur)

← Polo Norte
geográfico

Polo Sur →
geográfico

Polo sur magnético
(polaridad
magnética norte)

Ahora ya sabemos que si dejas girar libremente el polo norte de un imán, vendrá a detenerse apuntando hacia el que hemos designado polo norte magnético. Pero también sabemos que los polos desiguales se atraen. Por consiguiente, vemos que el polo norte magnético de la Tierra es de hecho un polo sur magnético. (De igual manera, vemos que el polo sur magnético es, en verdad, un polo norte magnético.)

William Gilbert, médico de Isabel I de Inglaterra alegó, en efecto, hacia el año 1600, que la Tierra era un imán. Lo probó dando a un trozo de magnetita la forma de la Tierra y demostrando que una brújula, cuando se desplazaba alrededor de esa esfera, se comportaba prácticamente igual que una brújula cuando se desplaza alrededor de la Tierra.

INCLINACIÓN MAGNÉTICA

Materiales que necesitarás
  Imán recto
  Hoja de papel
  Aguja de tejer
  Corcho
  Dos vasos
  Aguja de coser

El campo magnético de la Tierra es apreciable no sólo en una dirección norte-sur, sino también en cierto ángulo hacia su interior. La intensidad del magnetismo terrestre varía desde un máximo en los polos, hasta un mínimo en el ecuador. La intensidad presente en un punto cualquiera se mide con una brújula de inclinación. Ésta es prácticamente una brújula pivotada de tal manera que pueda moverse verticalmente en vez de hacerlo sobre un plano horizontal como la brújula normal.

Antes que nada, demostremos el por qué de la inclinación magnética y en qué consiste realmente.

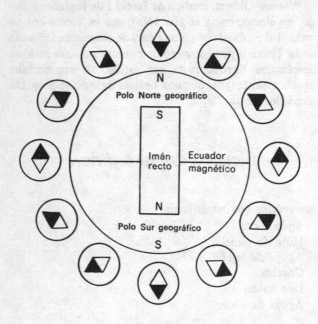

Figura A

Toma un imán recto (o una aguja imantada) y colócalo en el centro de una hoja de papel con el polo sur en la parte superior. Dibuja alrededor de este imán un círculo cuyo diámetro sea unos 10 centímetros mayor que la longitud del imán. Traza una línea que pase por el centro del círculo y divida en mitades iguales la longitud del imán. En la parte superior del círculo escribe la letra N y en la inferior la letra S. Dibuja luego 12 círculos (un poco más grandes que la brújula que estés usando) en el perímetro de la «Tierra», tal como se ilustra en la figura A. Estando el imán en la posición indicada, sitúa la brújula en cada una de esas posiciones, y anota la dirección en que apunta la aguja. Dibuja una flechita en la dirección de la aguja después de retirar la brújula. Con todo ello, acabas de representar el comportamiento de una brújula de eje horizontal, al recorrer un meridiano terrestre (es decir, una circunferencia máxima que pasa por los polos). No se precisa mucha imaginación para percatarse de que si montáramos una aguja imantada de modo que pudiese girar en un plano vertical, apuntaría directamente hacia abajo en los polos sur y norte y se mantendría paralela al suelo a lo largo del ecuador magnético. En todos los demás lugares tendría cierto grado de inclinación. Esto podemos ilustrarlo con gran facilidad.

Perfora un corcho a lo largo con una aguja de tejer y a lo ancho con una aguja de coser. Es importantísimo que la de tejer *no* esté imantada por el momento. Ajusta la aguja de tejer de manera que se equilibre perfectamente en dirección horizontal cuando se le permita girar sobre el eje formado por la aguja de coser, apoyada ésta sobre el borde de dos vasos. Es este un ajuste delicado, pero importante (figura B).

Luego, sin cambiar la posición de ninguna de ambas agujas con respecto al corcho, imanta la de tejer frotándola con un imán, comenzando desde el corcho y procediendo hacia ambos extremos. Para un extremo naturalmente, usarás un polo del imán, y para el otro, el opuesto. De este modo estamos imantando intensamente la aguja de tejer, dándole un polo norte a un extremo y un polo sur al otro.

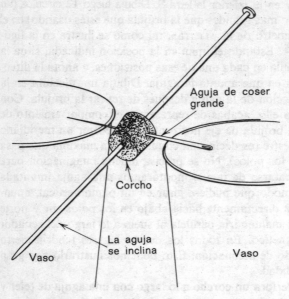

Aguja de coser grande

Corcho

La aguja se inclina

Vaso

Vaso

Figura B

Coloca de nuevo, cuidadosamente, el conjunto sobre los bordes de los vasos y observa lo que ocurre. Esta vez un extremo de la aguja de tejer apuntará notoriamente hacia abajo, formando con la horizontal un ángulo (a menos, por supuesto, que se dé el caso de que haces el experimento sobre el ecuador magnético). En el hemisferio norte será el polo norte el que apunta hacia el suelo; en el hemisferio sur, el polo sur. Cuanto más te acerques a uno de los polos terrestres, mayor será la inclinación, y cuanto más cerca estés del ecuador, más paralela al suelo estará la aguja. (La figura C muestra el ángulo de inclinación correspondiente a todas las latitudes de la superficie terrestre.)

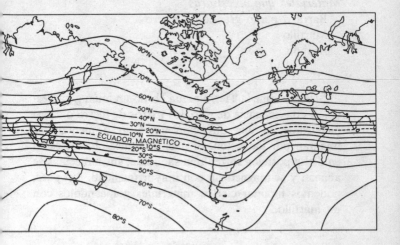

Figura C

MAGNETISMO DEL CAMPO TERRESTRE

Materiales que necesitarás
Barra o perno grande de hierro
Martillo
Brújula

Sabemos que la Tierra actúa como un imán gigantesco. A consecuencia de esto, los trozos de hierro o acero dispuestos en una dirección norte-sur a menudo se imantan por inducción. Si mientras tales objetos están en dicha posición sufren una sacudida, sus moléculas se alinean y se magnetizan con mayor facilidad. Así pues, podemos imantar ciertos materiales golpeándolos con un martillo.

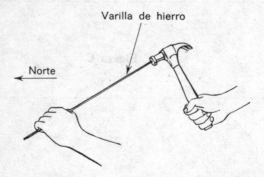

Varilla de hierro

← Norte

Golpea suavemente un extremo de una varilla o perno de hierro unas veinte veces mientras lo mantienes en una dirección norte-sur. Los mejores resultados se obtienen si nos cercioramos de que la varilla está colocada siguiendo las líneas de fuerza del campo magnético terrestre. Por consiguiente, tal como aprendimos del experimento precedente, inclina el extremo norte de la varilla hacia abajo si estás en el hemisferio norte y su extremo sur si estás en el hemisferio sur, antes de golpearla. Tal vez descubras que has de probar varios ángulos de inclinación antes de lograr alinear correctamente la varilla con las líneas de fuerza magnética de la Tierra.

Para comprobar si la varilla está imantada, observa si puede recoger unos alfileres o acerca sus extremos a una brújula. Si la varilla está imantada, la punta de una aguja imantada será atraída por un extremo de la varilla y repelida por el otro. Para invertir los polos, da media vuelta a la varilla y golpea el otro extremo. La varilla puede también desimanarse golpeándola mientras se la mantiene en una dirección este-oeste.

COMPROBACIÓN DE UNA TEORÍA

Materiales que necesitarás
  Brújula
  Sujetapapeles
  Imán
  Cortaalambres o alicates

Si el campo magnético terrestre es tan potente, ¿por qué no podemos hacerle rendir algún trabajo? Si sabemos que el polo norte atrae a «un polo buscador del norte», ¿no podríamos crear «un polo buscador del norte» muy potente, fijarlo a algún vehículo y dejar que el magnetismo terrestre lo arrastrase hacia el polo norte?

La idea parece buena, de manera que intentaremos hacer un polo independiente que busque el norte.

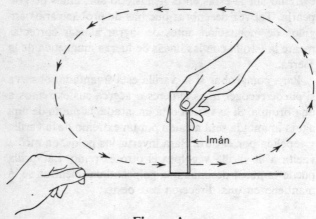

← Imán

Figura A

Imanta primero un trozo de alambre de acero, tal como un sujetapapeles enderezado. Frótalo a todo lo largo con un imán, según se muestra en la figura A, entre 20 y 30 veces. Comprueba luego la polaridad del alambre con la brújula, y verás que has producido un polo norte y un polo sur. Hasta aquí, todo va bien.

Ahora cortemos ese alambre por la mitad. Al parecer, tendríamos que quedarnos con un polo norte en una mitad del alambre y un polo sur en la otra. Pero, desgraciadamente, al verificar las dos mitades del alambre con una brújula, hallamos que cada una de ellas posee un polo norte y un polo sur, de manera que cortemos nuevamente el alambre. Esta vez, naturalmente el imán será más pequeño, pero sigue teniendo un polo norte en un extremo y uno sur en el otro.

Hemos descubierto así una de las leyes básicas del magnetismo, que dice que *todo imán posee (al menos) dos polos*. Es imposible crear un imán con un solo polo. Por muy pequeño que lo hagamos, siempre tendrá un polo norte y un polo sur. Por consiguiente no podemos crear un polo independiente buscador del norte, y el vehículo que hemos mencionado más arriba es imposible.

Este fenómeno puede también demostrarse muy fácilmente quebrando un imán en herradura (de los más baratos) en un gran número de trozos (figura B).

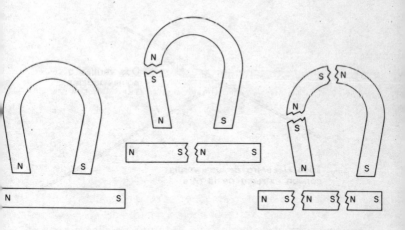

Figura B

¿CUÁL ESTÁ IMANTADO?

Materiales que necesitarás

Dos varillas o agujas de tejer idénticas. (En caso de
apuro, también servirían dos agujas de coser grandes,
o dos clavos.)
Imán

Este es un problema ya clásico referente al magnetismo. Con los conocimientos que hemos adquirido hasta
aquí debería ser muy fácil de resolver, pero puede resul-
tar bastante difícil para el lego.

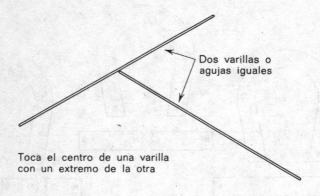

Dos varillas o
agujas iguales

Toca el centro de una varilla
con un extremo de la otra

Imanta una, y sólo una, de las agujas de tejer, frotándola a lo largo con un imán tal como lo hemos hecho en
experimentos anteriores. Asegúrate de que las dos agujas que tienes sean exactamente iguales, salvo el que una

de ellas está imantada, por supuesto. Pídele a cualquiera que te diga con certeza cuál es la imantada. Ambas se atraerán entre sí por sus extremos, sea cual sea la que uses para tocar a la otra. Cuando todos se hayan dado por vencidos, he aquí cómo puedes distinguirlas.

Con la punta de una aguja, llamémosla n.º 1, toca el centro de la otra (n.º 2). Si se produce atracción, entonces la aguja n.º 1 es la imantada. Si no hay atracción, usa la punta de la n.º 2 para tocar el centro de la n.º 1; verás que ahora hay atracción e identifica la aguja n.º 2 como la imantada. He aquí lo que ha ocurrido:

Sabemos que la potencia de un imán está concentrada cerca de sus extremos (polos) y que es nula en su centro. Por consiguiente, como no hay magnetismo en el centro, habrá atracción sólo si tocamos el centro con un material imantado.

SEPARACIÓN MAGNÉTICA

Materiales que necesitarás

Un poco de sal
Limaduras de hierro (o briznas de esponja de acero)
Imán

Es ésta una interesante prueba que sirve para ilustrar el fenómeno del magnetismo. Mezcla pequeñas cantidades de limaduras de hierro y de sal de mesa. Pide luego a alguien que separe rápida y fácilmente un material del otro. Quizá alguien proponga disolver la sal y evaporar luego la salmuera para recuperar nuevamente la sal, pero existe un método mucho más sencillo.

Imán

Limaduras
de hierro

Sal

Agita la mezcla con el imán permanente. Comprobarás que las limaduras de hierro serán atraídas por el imán, pero no así la sal. De ese modo puedes apartar fácilmente la sal de las limaduras. Este es, básicamente, el proceso empleado en la industria para separar las substancias magnéticas de las que no lo son.

LA BRÚJULA USADA COMO RELOJ

Materiales que necesitarás
  Brújula
  Lápiz o palito

Una manera de saber aproximadamente la hora en un día soleado es la siguiente:

Determina el norte con tu brújula y colócate mirando en esa dirección. Manteniendo horizontal la brújula en una mano, apoya el lápiz o palito sobre la letra S de su limbo, inclinado en un ángulo de unos 45°. Supongamos ahora que la letra N de la brújula señala las 12, la E las 3, la O las 9 y la S las 6. El lugar en que caiga la sombra del lápiz sobre la brújula te dirá aproximadamente la hora que es. (Debes tener presente la diferencia que hay entre la *hora oficial* y la que tú obtendrás, que es la *hora solar*.) Los relojes de sol funcionan de una manera parecida. Claro está que para tener éxito en tu experimento deberás hacerlo un día soleado.

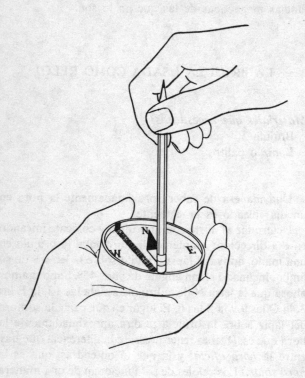

¿PUEDE APANTALLARSE EL MAGNETISMO MEDIANTE MATERIALES NO MAGNÉTICOS?

Materiales que necesitarás

Imán

Varios sujetapapeles

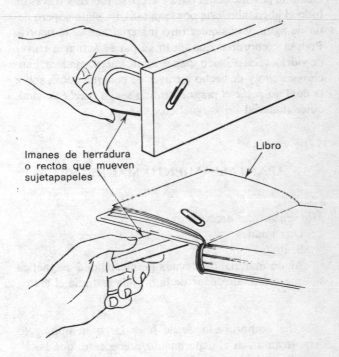

Imanes de herradura
o rectos que mueven
sujetapapeles

Libro

Sabemos que un imán atrae directamente a los sujetapapeles pero, ¿los atraerá si se interponen otros materiales? Veamos qué ocurre. Pon los sujetapapeles sobre un pedazo de cartulina y el imán debajo. Intenta atraer los sujetapapeles y moverlos moviendo el imán. Comprobarás que, en efecto, puedes.

Toma un trozo de madera, pon encima un sujetapapeles, el imán debajo, e intenta la misma operación. Realiza de nuevo el experimento con objetos de plástico, de vidrio, de tela, con un libro (si el imán no es lo bastante potente como para ejercer su fuerza a través de todo el libro, abre éste por la mitad), un plato sopero lleno de agua, y cualquier otro material que se te ocurra. Podrás comprobar que un imán puede actuar a través de vidrio, tela, plástico, papel, agua, cuero, madera, caucho, corcho y de hecho a través de cualquier cosa sobre la cual no actúe el magnetismo, o sea, a través de cualquier material no magnético.

APANTALLAMIENTO MAGNÉTICO

Materiales que necesitarás
  Dos imanes
  Brújula
  Algún material de elevada permeabilidad magnética que ajuste alrededor de la brújula (estudia el texto)

Se ha comprobado desde hace largo tiempo, y lo demostramos en el experimento precedente, que las líneas magnéticas de fuerza penetran en cualquier material no magnético. Los materiales no magnéticos tales como el vidrio, el cobre, o la lana permiten a las líneas magnéticas de fuerza pasar a través de ellos libremente, mientras que las substancias magnéticas, tales como el hierro y el acero, se emplean frecuentemente como barreras para impedir la penetración de las líneas magnéticas de fuerza en otros materiales. A menudo es necesario o conveniente blindar ciertos instrumentos sensibles y mantener las líneas magnéticas de fuerza apartadas de ellos. Cuando tal cosa es necesaria, podemos hacer uso del hecho de que algunos materiales magnéticos concentran las líneas magnéticas de fuerza.

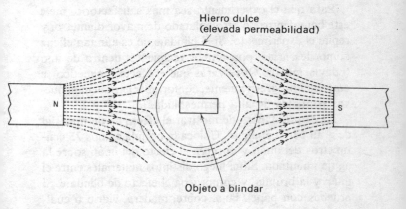

Hierro dulce
(elevada permeabilidad)

Objeto a blindar

Para blindar un objeto, lo rodeamos enteramente con un buen conductor magnético, de manera que las líneas magnéticas de fuerza sigan *el camino fácil* a través del blindaje en vez de seguir el más difícil, a través del material que deseamos blindar: las líneas de fuerza siguen siempre el camino magnético más fácil.

111

Para ilustrar este fenómeno, coloca una brújula dentro de una lata de conservas. La brújula debe estar situada en el centro del fondo del bote sobre una pequeña base hecha de cualquier material no magnético. Coloca luego los dos imanes en lados opuestos del bote, enfrentando polos desiguales, de manera que, en circunstancias normales, pasen líneas magnéticas de fuerza directamente a través del bote, influyendo así sobre la brújula. Quizá observes un leve efecto sobre la brújula cuando pongas los imanes en su lugar. Ello se debe a que la permeabilidad de un envase corriente de hojalata no es suficientemente buena para este experimento.

Para que el experimento sea más satisfactorio, mete este bote dentro de otro enlatado de mayor diámetro, y repite el experimento. Si el blindaje no es aún tan eficaz como desearías, pon ambos recipientes dentro de uno todavía mayor. Observarás que el efecto magnético se amengua progresivamente, conforme interponemos nuevas pantallas de alta permeabilidad.

Hay otra manera de mostrar el efecto de un material de gran permeabilidad. Coloca la brújula a unos 25 centímetros del imán y observa el efecto del imán sobre la aguja imantada. Sitúa luego distintos materiales entre el imán y la brújula, y comprueba el efecto de blindaje. Si pruebas con papel, lana, cobre, madera, vidrio o cualquier otro material no magnético, verás que no se produce un efecto perceptible. Interpone luego un material magnético tal como el bote de conservas que usábamos anteriormente. Si permites que el imán toque el bote metálico, verás que éste produce un eficaz «cortocircuito» del campo magnético, a causa del camino magnético más fácil que ofrece, impidiendo así que las líneas de fuerza pasen a través y lleguen hasta la brújula.

Las bobinas eléctricas sensibles, de instrumentos de

medida o de circuitos de radio, suelen situarse dentro de recipientes de hierro o acero, para así desviar o cortocircuitar todo campo magnético externo.

CONSTRUCCIÓN DE EMBARCACIONES MAGNÉTICAS

Materiales que necesitarás
    Corcho
    Seis sujetapapeles
    Imán
    Recipiente no magnético con agua (plato de aluminio o de plástico de gran tamaño)

Con un cuchillo afilado, corta el corcho en rebanadas circulares de unos 5 milímetros de espesor. En cada rebanada pega con adhesivo un sujetapapeles tal como se muestra en la figura. Si no tienes pegamento, usa gotas de cera caliente de una vela encendida. El sujetapapeles servirá de quilla del «bote» y si quieres, puedes usar un mondadientes como mástil, al cual sujetarás una vela de papel, para otorgarle un aspecto más «náutico». Con unos seis de estos «veleros» bastará para organizar un entretenido juego.

Si pones sobre el agua los veleros, comprobarás que puedes moverlos acercándoles el imán incluso desde el fondo del recipiente. Los barquitos seguirán al imán dondequiera que lo pongas. Dará lo mismo que emplees el polo norte o el sur, pues ambos polos atraen por igual. Este experimento prueba una vez más que el magnetismo actúa a través del agua y del material no magnético que la contiene. Puedes divertirte mucho con esta armada magnética.

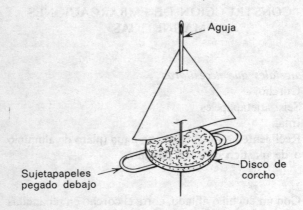

Aguja

Disco de corcho

Sujetapapeles pegado debajo

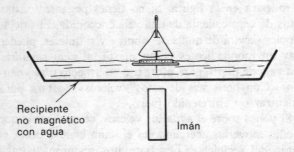

Recipiente no magnético con agua

Imán

ELECTRICIDAD DINÁMICA Y ELECTROMAGNETISMO

INTRODUCCIÓN

Ya nos habíamos enterado de que hay dos clases de electricidad. Una es la electricidad estática (electrostática), de la que trata la primera sección de este libro. La otra es la electricidad dinámica (electrodinámica o, simplemente, electricidad), que es el tema de esta última sección. Descubriremos la manera de producir, observar y utilizar esta clase de electricidad.

En todos los casos en que se necesite una fuente de tensión (voltaje), debería emplearse una pila de 1,5 voltios o de 6 voltios, blindadas, pues duran más y se logran mejores resultados. Se recomienda la pila de 6 voltios, pues en varios experimentos se precisa una tensión mayor.

CONSTRUCCIÓN DE UN DETECTOR DE CORRIENTE (GALVANOSCOPIO)

Materiales que necesitarás

Brújula (de las baratas, de juguete)
Tablilla de madera de unos 8 × 10 centímetros
Unos 10 metros de alambre de cobre con aislamiento delgado de plástico, mejor, cable esmaltado (servirá cualquier calibre entre el 20 y el 26)

Trocito de cartón
Cuatro chinchetas
Fuente de corriente eléctrica (pila seca de 1,5 voltios
o de 6 voltios)

La corriente eléctrica es invisible y solamente puede
detectarse por el efecto que produce. A menudo queremos saber si está pasando corriente por un circuito, o si
una fuente es capaz de hacer que pase una corriente
eléctrica. El sensible detector de corriente que construiremos ahora puede hacernos ese trabajo. Detectará
la presencia de corrientes incluso muy débiles y lo
usaremos en muchos otros experimentos.

En los experimentos subsiguientes aprenderemos que
la corriente que pasa por un alambre desvía la aguja de
una brújula. Ahora amplificaremos este efecto poniendo
alrededor de nuestra brújula una espiral de alambre de
cierto número de vueltas. De esta manera el efecto de la
corriente en cada alambre se añade al efecto ocasionado
en el alambre vecino. Por consiguiente tendremos un
instrumento que será capaz de crear un campo magnético mayor que el generado por una corriente sobre un
conductor único, y que podrá indicar así tal corriente.

Su construcción es muy sencilla. Para que nuestro
instrumento sea recio, recorta una pequeña base de cartón como la ilustrada en la figura A. El tamaño exacto
de esta base dependerá del diámetro de tu brújula. Da
unas cuarentas vueltas apretadas de alambre aislado
sobre la base y la brújula, dejando unos 30 centímetros
de alambre antes de iniciar este enrollamiento y otro
tanto al terminarlo. Da luego una vuelta con uno de los
cabos de alambre en torno a una de las patas de la base
de cartón y hazlo pasar por la pequeña muesca, hacien-

116

do lo mismo en el lado opuesto con el otro cabo, a fin de dejarlos firmemente sujetos. El conjunto total (figura B) se fija a la tablilla de madera en cuatro chinchetas. Cla-

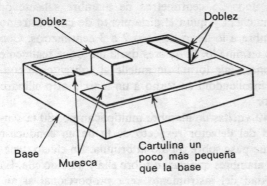

Figura A

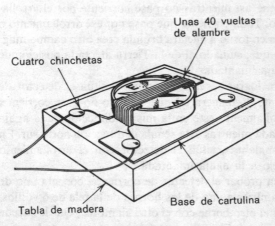

Figura B

va primero, sin apretar, dos chinchetas en el extremo de la tablilla por donde salen los alambres, y enrolla un poco esos cabos en sus respectivas chinchetas, que luego hundirás a fondo para afirmar los alambres.

Deja unos 25 centímetros de alambre saliente de cada chincheta y quita el aislamiento de cada extremo del alambre a lo largo de unos 2 a 3 centímetros. Con eso has terminado. Si quieres darle un toque realmente profesional, dale forma de muelle al sobrante de conductor enrollándolo en torno a un lápiz u otro cilindro pequeño.

Las 40 vueltas de alambre multiplican por 80 la sensibilidad del detector respecto de la de un conductor único que pase sobre o bajo la brújula. En efecto, tenemos 40 alambres que pasan sobre ella y 40 bajo ella. La sensibilidad del instrumento será proporcional al número de vueltas de la espiral de alambre.

Sabemos que el campo magnético terrestre orienta la aguja de nuestra brújula en dirección norte-sur, y la mantiene así mientras no pase corriente por el arrollamiento. Toda corriente que pase por ese arrollamiento o bobina en torno a nuestra brújula crea otro campo magnético que, sumado al de la Tierra afecta la posición de la aguja imantada.

Para lograr resultados óptimos, sitúa el detector de corriente de manera tal que, cuando no pase corriente, el arrollamiento esté en la misma dirección de la aguja imantada mientras ésta señala la dirección norte-sur. En otras palabras, sitúa el detector con el arrollamiento paralelo a la aguja imantada.

Para probar el detector de corriente, conecta uno de los alambres a uno de los bornes de la pila de 6 voltios, y toca el otro borne con el otro alambre. ¿Qué le sucede a la brújula? El movimiento de la aguja imantada prueba que a través del arrollamiento está pasando una corriente eléctrica.

Invierte enseguida las conexiones y observa que la brújula se desvía en dirección contraria. La dirección en la que se desvía la aguja depende de la dirección en que pase la corriente.

El detector de corriente que hemos construido es un tipo sencillo de galvanómetro llamado *galvanoscopio* (ambos se llaman así en honor al físico italiano Luigi Galvani, de quien hablaremos en el próximo experimento). Un galvanoscopio indica la presencia de una corriente eléctrica, mientras que un galvanómetro mide la cantidad de corriente que pasa. El movimiento de la aguja imantada muestra la dirección de flujo de la corriente, y el grado de desviación nos dice si la corriente es débil o potente. Pueden realizarse mediciones comparativas de la corriente anotando la desviación ocasionada por cada fuente empleada. Cuanto mayor sea la desviación de la brújula, tanto más intensa es la corriente.

Como la dirección en que se desvía la aguja imantada depende de la dirección de paso de la corriente, podemos también usar nuestro detector de corriente como indicador de polaridad. Anota primero el sentido (igual o contrario al movimiento de las manecillas de un reloj) de la desviación de la aguja usando una fuente de polaridad conocida, tal como una pila, y marca conforme a eso con los signos «+» y «−» a los dos conductores (alambres) del instrumento junto a las chinchetas. Si dos fuentes de corriente desvían la aguja en la misma dirección, significa que ambas han sido conectadas con igual polaridad a los bornes de nuestro detector.

Este detector de corriente funciona de manera parecida a muchos contadores eléctricos de uso comercial, en cuanto a demostrar que cuanto más corriente pase a través de un arrollamiento de alambre aislado, tanto mayor serán el campo magnético y el efecto ocasionado sobre el indicador empleado.

CONSTRUYE TU PROPIA PILA VOLTAICA

Materiales que necesitarás
   Pesetas, o cualquier moneda de cobre, y duros, o cualquier moneda de níquel (al menos cinco de cada)
   Cinco o más trozos de papel secante de 25 × 25 milímetros
   Un vaso con agua
   Una cucharadita de sal
   Una cucharadita de vinagre
   Detector de corriente (construido en el experimento anterior)

Alrededor de 1780, un físico y profesor de anatomía de Bolonia (Italia), llamado Luigi Galvani, observó que las patas de una rana que estaba disecando se contraían violentamente cuando se las tocaba con dos metales diferentes, tales como hierro y cobre. Galvani creyó haber descubierto una nueva fuente de electricidad que, según pensaba, era la «electricidad animal». De hecho había descubierto, por casualidad, el principio básico usado para hacer una pila productora de electricidad.

Otro italiano, igualmente científico, Alessandro Volta, que era profesor de física en la Universidad de Pavía, decidió que alguna acción misteriosa producida entre los dos metales distintos y el líquido existente en la pata de la rana era de hecho la causante de las contracciones, y llegó finalmente a la conclusión de que el movimiento era causado por la electricidad generada por dos metales diferentes separados por algo húmedo. Luego se puso a fabricar la primera pila eléctrica.

Volta apiló discos de zinc y de cobre separados por trozos de tela empapada en ácido acético diluido o en salmuera. Halló que el potencial eléctrico creado de esa manera dependía directamente de la altura de la pila. Cuanto más alta fuese ésta, más electricidad se producía. Además, la pila podía usarse una y otra vez. Volta se percató de que había creado un dispositivo que podía producir una corriente eléctrica cada vez que se necesitase.

Esta «pila voltaica», como llegó a llamarse en honor a su inventor, fue el primer acumulador de electricidad. Hizo posible la generación de electricidad *dinámica*, que debe diferenciarse de la electricidad *estática* con que trabajamos en nuestros anteriores experimentos.

Volta nunca llegó a saber con exactitud por qué funcionaba su pila, pero desde entonces hasta ahora se ha descubierto que cuando separamos dos metales diferentes (llamados *electrodos*) mediante un líquido conductor al que se llama electrolito, que actúe más intensamente sobre un metal que sobre el otro, los electrones se desplazan por el líquido y el metal sobre el cual la acción es menor se carga hasta un potencial eléctrico más elevado que el del otro metal. Puede hacerse pasar una corriente eléctrica desde el metal con elevado potencial hasta el metal con menor potencial conectando ambos con un alambre u otro conductor. (Esta diferencia de potencial se denomina *tensión* o simplemente *voltaje*.) Una analogía sencilla sería la del agua que va de un nivel a otro más bajo pasando por un tubo.

121

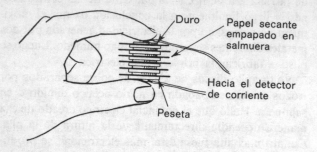

Puedes hacer fácilmente una pila o acumulador como el que inventó Volta y demostrar cómo la acción química de dos metales diferentes produce electricidad. Usaremos duros (monedas de 5 pesetas) en vez de zinc y pesetas en vez de cobre. No vamos a producir mucha electricidad, pero debería ser suficiente para mover la aguja imantada de nuestro detector de corriente.

Pliega unos cuantos pañuelos de papel o un papel secante hasta formar cuadraditos de 2,5 centímetros de lado (algo mayores que un sello de correos) y empápalos un rato en salmuera (media cucharada de sal disuelta en medio vaso de agua).

Hagamos primero una sola célula. Pon un duro a un lado y una peseta al otro lado de un papelito empapado. Sujétalos tal como se indica, y conecta los cables de tu detector de corriente al duro y a la peseta, respectivamente. Cerciórate de que la parte del alambre que toca con la moneda esté desprovista de aislamiento. Observarás que la aguja del detector se mueve indicando así que pasa una corriente.

Aumentemos luego el potencial haciendo una pila de pesetas, duros y papel secante, colocándolas tal como en la figura, alternando duros y pesetas y separando una moneda de otra con un trocito de papel secante mojado. Unos cinco pares de monedas deberían darte buenos resultados. Conecta luego la pila al detector de corriente una vez más. ¿Es mayor ahora la desviación de la brújula? Moja luego la punta de tus dedos y toca a un tiempo la primera y la última monedas. ¿Notas una pequeña descarga? Es totalmente inofensiva. La tensión es mayor que en la primera célula que construimos antes, porque ahora hemos conectado cinco celdas entre sí. La electricidad proveniente de cada una de las células se suma y el efecto es acumulativo. Puedes continuar agregándole células a esta batería, hasta que produzca descargas considerables.

Intenta ahora otra vez el mismo experimento, pero esta vez usa media cucharada de vinagre, en vez de sal. ¿Qué solución da mejores resultados?

Puedes también ensayar diversos pares de metales para ver qué combinación da los mejores resultados. Puedes intentarlo con cobre puro, con el zinc del exterior de una pila comercial desechada, y con muchos otros materiales metálicos.

Desarma siempre tu pila cuando dejes de usarla, pues de otro modo la corrosión atacará tus monedas.

Las pilas para linterna se parecen mucho a la de este experimento, pero en vez de las monedas se emplea zinc y carbono, y en vez de la salmuera se emplea cloruro de amoníaco y cloruro de zinc.

LA ELECTRICIDAD PUEDE PRODUCIR CALOR Y LUZ

Materiales que necesitarás
Pila de dos bornes o acumulador
Diez centímetros de cable de hierro de muchas hebras

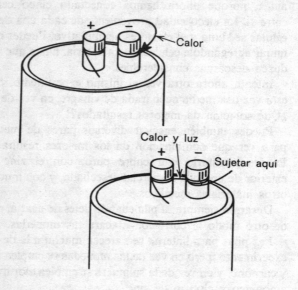

Sabemos, al observar el tostador de pan, el calentador de agua, la plancha, la cafetera y las estufas y cocinas eléctricas, que la electricidad puede usarse para producir calor. Si quieres producir calor mediante electricidad, intenta un sencillo experimento. Saca una hebra fina, de unos 10 centímetros de longitud, de un alambre de hierro multifilar. Enrolla un extremo en uno de los bornes de la pila y manténlo firmemente unido al mismo.

Toca con el extremo libre del alambre el otro borne de la pila y reténlo allí por algunos segundos. Tan pronto como sientas que se calienta, retíralo del borne. Has producido calor mediante electricidad. El hilo de hierro que usamos se calienta porque no es tan buen conductor como el cobre. La resistencia que ofrece al paso de la corriente produce calor. Este principio se usa en todos los artefactos mencionados anteriormente. Prueba con diversas longitudes y calibres de alambre y con pilas de diversa tensión (1,5 y 6 voltios) para ver el efecto de estas variaciones sobre el calor producido.

¿Qué ocurriría si tuviésemos muchísima corriente y el alambre se calentara cada vez más? Se calentaría al rojo, quizá hasta el rojo-blanco, y emitiría luz. Este es el principio del funcionamiento de la bombilla incandescente, que fue inventada por Thomas Alva Edison. Intentémoslo.

Usa nuevamente una hebra de hilo de hierro y fíjala a un borne de la pila. Sujeta el extremo libre de manera que el hilo pase por el otro borne y lo toque. El corto trocito que va de uno a otro borne pronto brillará, emitiendo luz. Si el hilo es demasiado fino o la corriente demasido intensa, brillará poco rato y se derretirá. Si es demasiado grueso, tal vez la pila no sea lo bastante potente como para hacerlo brillar. El extremo libre que sujetas no debe verse afectado, puesto que por él no pasa corriente. La corriente pasa solamente entre los dos bornes de la pila.

Una advertencia: No dejes conectado el alambre sino el tiempo *estrictamente* necesario porque constituye prácticamente un *cortocircuito* entre los bornes. La pila

se agotará rápidamente y quedará inutilizada si el cortocircuito dura más de unos segundos.

ELECTROQUÍMICA

Materiales que necesitarás
  Vaso de vidrio
  Un poco de sal
  Un metro de hilo de cobre aislado
  Pila de seis voltios

Se puede realizar un interesante experimento usando
salmuera, una pila de 6 voltios y un poco de alambre.
Podremos determinar la polaridad de voltaje que
aparezca entre dos alambres y produciremos cloro,
hidrógeno y sosa cáustica.

Llena primero un vaso con agua hasta las tres cuar-
tas partes de su capacidad y disuelve en ella una buena
cantidad de sal. Introduce en esta disolución dos extremos de hilo de cobre, limpios, conectando los otros dos
extremos cada uno a un borne de una pila. Verás que en
uno de los alambres sumergidos se producen burbujas
(en el alambre que está conectado al borne negativo).
En el otro alambre (el conectado al positivo de la pila)
se producirá una substancia verdosa.

Lo que hemos hecho en este caso es romper o des-
componer la sal en sus elementos componentes. La sal
se compone de sodio, que es un metal plateado, y de un
gas amarillo verdoso llamado cloro. El químico llama a
la sal común cloruro de sodio. En el proceso de partir o

desintegrar la sal, producimos sodio en el cable negativo. El sodio se une rápidamente con el agua, formando hidrógeno gaseoso, y éste es el que forma las burbujas por las que se reconoce con facilidad el alambre negativo. El cloro es atraído hacia el alambre positivo, en donde forma cloruro de cobre. El cloruro de cobre reacciona luego para formar óxido de cobre, el que con el tiempo viene a aparecer en forma de espuma verdosa en la superficie del agua cerca del alambre positivo.

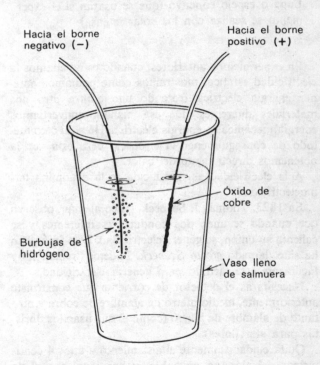

Hacia el borne negativo (−)

Hacia el borne positivo (+)

Óxido de cobre

Burbujas de hidrógeno

Vaso lleno de salmuera

TERMOELECTRICIDAD. CÓMO PRODUCIR ELECTRICIDAD MEDIANTE CALOR

Materiales que necesitarás
Detector de corriente
Un metro de alambre de hierro galvanizado
Un metro de alambre de cobre
Una vela
Lupa o espejo cóncavo (que se usarán si el experimento se realiza con luz solar intensa)

En experimentos anteriores, cuando estudiábamos la electricidad estática, mostramos cómo podíamos obtener energía eléctrica frotando uno contra otro dos materiales diferentes. De esa manera convertíamos energía mecánica en energía eléctrica. He aquí otro método de conseguir energía eléctrica, pero esta vez la obtenemos directamente del calor.

A la electricidad así producida se la denomina termoelectricidad.

En 1823, Thomas J. Seebeck, físico alemán, observó que cuando se unen dos conductores diferentes y se calienta su unión, se genera electricidad. Este fenómeno ha sido llamado *efecto Seebeck*. Podemos repetir muy fácilmente este método para generar electricidad.

Necesitarás el detector de corriente que construiste anteriormente, medio metro de alambre de cobre y otro tanto de alambre de hierro (como el que usan los floristas para atar flores).

Quita cuidadosamente el aislamiento a unos 4 centímetros del alambre de cobre, y haz igual con el de hierro (aunque éste no suele llevar aislamiento). Enrolla apretadamente entre sí ambos alambres a lo largo de unos 3 centímetros. Si es necesario, usa unos alicates para formar un empalme bien apretado. Quita luego el aislamiento del otro extremo del alambre de cobre y conéctalo a uno de los conductores del detector de corriente. Conecta el alambre de hierro al otro conductor de tu instrumento.

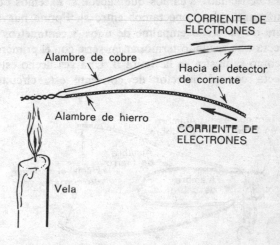

Figura A

Sitúa el detector de manera que la aguja imantada esté paralela al arrollamiento que la envuelve. Aplica entonces la llama de una cerilla o vela a la unión del cobre y el hierro y observa la aguja imantada (figura A). Si todo se ha realizado correctamente, la aguja empezará a girar lentamente hacia un lado, indicando que hemos producido una corriente que pasa por el arrollamiento. Como sabemos, cuanto más se desvía la aguja, tanto mayor es la corriente producida. De este modo

129

hemos demostrado que cuando dos metales diferentes se unen formando un circuito cerrado, y se calienta su lugar de unión, pasa una corriente por dicho circuito. De manera que hemos construido un dispositivo para producir electricidad directamente a partir del calor: se denomina *termopar*.

Hasta aquí, ningún problema. Pero, ¿y si queremos más electricidad? Veamos qué sucede si hacemos dos termopares y los conectamos entre sí. Forma nuevamente un apretado empalme de unos 3 centímetros y conecta este segundo termopar en serie con el primero, tal como se ilustra en la figura B. Una vez hecho esto, conecta con el detector de corriente este circuito.

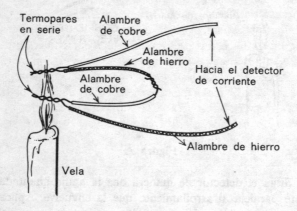

Figura B

Calienta simultáneamente las dos uniones y observa si obtienes una mayor desviación de la aguja. Cuando conectamos dos o más termopares en serie, formamos una *termopila*.

Observa cuidadosamente lo que le ocurre a la aguja

130

imantada cuando retiras la llama de la vela de la unión de alambre. Verás que la aguja no regresa de inmediato a su posición original (como sucedería si hubiésemos desconectado una pila). En cambio, regresará lentamente como de hecho se desvió lentamente cuando aplicaste las llamas al principio. Por consiguiente, como la unión permanece fría un breve lapso de tiempo al ponerla en contacto con la llama, se necesitará cierto tiempo para que llegue a producirse la corriente; de igual forma, el calor absorbido mantendrá caliente la unión durante un momento después de retirada la llama: se necesitará un tiempo para que la aguja regrese.

Los termopares se usan para medir una gama bastante amplia de temperaturas. Los instrumentos en que se emplean se llaman *pirómetros*. Además del termopar, dichos instrumentos constan también de un medidor que indica la corriente producida. Esta corriente es proporcional a la temperatura a la que se halla el termopar.

Podemos usar nuestro termopar y el indicador de corriente para demostrar que la luz solar también puede convertirse en electricidad. He aquí cómo: usa la lupa o el espejo cóncavo para concentrar los rayos de sol sobre la unión bimetálica. Si la luz es suficientemente intensa, la aguja empezará a desviarse. Para tener la seguridad de que funcione el experimento, debes mantener los rayos de sol enfocados sobre la unión durante un minuto por lo menos. De otro modo, no alcanzarás a calentarla completamente. Cuanto más grande sea la lupa o el espejo, tanto mejor te resultará el experimento. Si no quieres sostener los útiles en la mano, puedes pensar algún tipo de soporte que mantenga todos los elementos fijos en las posiciones deseadas.

Sería interesante experimentar con termopares hechos de diversos materiales. Puedes intentar el empleo de alambres de cobre y aluminio como un par, y aluminio con hierro como otro y observar qué combinación produce más electricidad.

INDICADOR PATATERO DE POLARIDAD

Materiales que necesitarás
   Una patata
   Un metro de hilo conductor (para conectar a la pila cuya polaridad quieres conocer)
   Pila

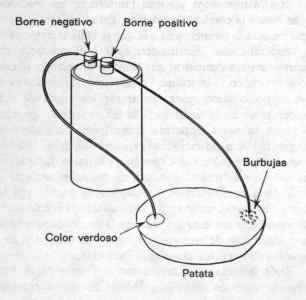

Borne negativo   Borne positivo

Burbujas

Color verdoso

Patata

A veces puede ser necesario determinar la polaridad de un acumulador, como los empleados en coches o embarcaciones, porque sus marcas se han borrado. Cuando esto sucede, una patata te sacará del apuro. Córtala por la mitad y conecta la patata a ambos bornes del acumulador según se muestra en la figura. Deja unos 2 a 3 centímetros de distancia entre los extremos que tocan la patata. Asegúrate también de pelar bien el aislamiento de dichos extremos.

Al poco rato observarás que en torno a uno de los alambres hay una coloración verde, mientras que en el otro quizá se produce un burbujeo (o bien no sucede nada). La descoloración se produce en torno al hilo que va al borne negativo. El otro conductor, en donde tal vez aparezcan burbujas, conduce al positivo.

ELECTRÓLISIS DEL AGUA

Materiales que necesitarás
   Jarro de boca ancha, o vaso grande
   Dos tubos de ensayo o recipientes de vidrio estrechos
   Sosa de blanquear
   Pila de seis voltios
   Un metro de hilo conductor aislado

Poco después de que Volta hubo descrito su pila, dos ingleses llamados Nicholson y Carlisle usaron su descubrimiento científico de la manera siguiente: Conectaron dos alambres de latón a una pila voltaica y hundieron los otros dos extremos en agua. Observaron que en la superficie de los alambres sumergidos se formaban burbujas de gas. Era éste un interesante descubrimiento y pronto se advirtió que en un alambre se formaba el doble de burbujas que en el otro. En breve se hizo evidente que el agua se había descompuesto eléctricamente en sus dos componentes, hidrógeno y oxígeno. Este proceso, denominado más tarde *electrólisis,* puede repetirse actualmente con gran facilidad. He aquí cómo:

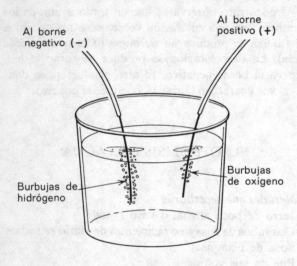

Figura A

Llena hasta la mitad con agua un jarro de boca ancha o vaso de vidrio. A cada uno de los bornes de una pila de 6 voltios conecta un alambre de cobre. Limpia los extremos libres de estos alambres y mételos en el agua del jarro, cuidando que no se toquen entre sí. Observarás que en ambos se forman burbujas (figura A), pero la formación de estas burbujas será algo lenta.

Para dar más eficacia al experimento, añade al agua alrededor de una cucharada de sosa de blanquear, agítala para que se disuelva bien y hunde nuevamente los dos alambres. Ahora se formarán burbujas con rapidez mucho mayor en ambos alambres y advertirás que cuando las burbujas crecen hasta cierto tamaño, se desprenden del alambre y suben a la superficie. Lo que estamos haciendo en este caso es, evidentemente, separar el agua en sus componentes, hidrógeno (H) y oxígeno (O) mediante electrólisis.

De hecho podemos recoger estos gases y demostrar que obtenemos el doble de hidrógeno que de oxígeno.

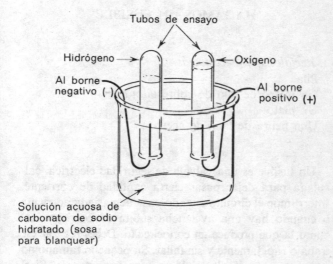

Figura B

Para ello necesitamos dos pequeños tubos de ensayo o frascos de vidrio que puedan ponerse sobre los alambres. Llena los tubos de ensayo o frasquitos con la solución, tápalos con el dedo, inviértelos y húndelos de manera que cada uno quede sobre un alambre, previamente doblado, en el resto de la solución, dentro del jarro de boca ancha. La figura B muestra claramente cómo hacerlo. Al formarse las burbujas, suben y se recogen dentro de los tubos de ensayo. En un tubo se recoge el doble de gas que en el otro, porque en el agua hay doble volumen de hidrógeno que de oxígeno. El oxígeno burbujea desde el conductor positivo y el hidrógeno desde el negativo.

HAGAMOS UN FUSIBLE

Materiales que necesitarás
  Pila
  Un metro de hilo de cobre aislado
  Un plato
  Una hebra de lana de acero

Un fusible es una válvula de seguridad eléctrica, calculada para dejar pasar cierta cantidad de corriente. Interrumpe el circuito cuando pasa demasiada corriente o cuando hay una avalancha súbita de corriente, tal como la que produce un cortocircuito. Debes realizar ese trabajo rápidamente y sin fallar. Su pequeño tamaño no parece estar a la altura de su gran importancia. Si el fusible no abriese el circuito, el exceso de corriente quemaría los alambres y ocasionaría averías o incendios. Veamos cómo funciona un fusible.

Sobre un plato coloca estirada una sola hebra de lana

de acero. Pela los extremos de dos trozos de alambre, de unos 50 centímetros cada uno. Conecta un extremo de cada alambre a un borne de la pila y cerciórate de que hacen un buen contacto apretándolos con firmeza. Veamos ahora el experimento.

Sujeta en cada mano un extremo libre de alambre y toca con ellos ambos extremos de la hebra de lana de acero que hace de fusible: se producirá un destello. Hemos fundido el fusible, porque hicimos un cortocircuito entre ambos bornes de la pila. El fusible actuó como un interruptor automático al abrir el circuito antes de que pudiese ocurrir daño alguno. Si no hubiese funcionado, tal vez los alambres se habrían recalentado lo suficiente como para quemarte los dedos, o bien se habría agotado la pila.

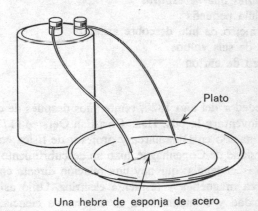

Plato

Una hebra de esponja de acero

Si examinas los fusibles en casa o en un coche pronto comprobarás que consisten en un trocito o hilo de metal que se funde a baja temperatura, con algún tipo de cubierta protectora que lo mantiene entero. Esta cubier-

137

ta impide también que salgan despedidas partículas de metal fundido que pueden causar daño al «quemarse» el fusible. Éste suele llevar unas envolturas de vidrio para saber así de un vistazo si funciona aún o ya ha cumplido su misión de proteger el circuito o la casa de daños graves.

Este vigilante y salvavidas eléctrico fue inventado por Thomas Alva Edison, quien lo patentó en el año 1880.

LA RELACIÓN ENTRE ELECTRICIDAD Y MAGNETISMO (ELECTROMAGNETISMO)

Materiales que necesitarás
   Brújula pequeña
   Un metro de hilo de cobre aislado
   Pila de seis voltios
   Trozo de cartón

Alrededor del año 1820, veinte años después de que Volta inventara la pila, Hans Christian Oersted (1777-1851), nacido en Dinamarca y profesor de física en la Universidad de Copenhague, hizo un descubrimiento de gran trascendencia: que hay una relación directa entre la fuerza magnética y la fuerza eléctrica. Unió así la electricidad y el magnetismo en una nueva ciencia, el *electromagnetismo*.

El descubrimiento de la relación existente entre electricidad y magnetismo se produjo por casualidad. Otros científicos habían estudiado el magnetismo y experimentado con imanes permanentes, pero se estimaba que

138

el magnetismo era muy diferente de la electricidad. El propio Oersted había creído originalmente que no había vínculo entre ambos. Para probar esto a sus estudiantes, conectaba siempre un alambre conductor a una célula voltaica y luego colocaba el conductor con corriente *formando ángulo recto* con una aguja imantada y directamente sobre ésta. Cuando el conductor estaba en esa posición, no tenía influencia sobre el movimiento de la aguja. Pero durante una de sus clases puso, por casualidad, el conductor portador de corriente paralelo a la aguja imantada. La aguja giró inmediatamente y se detuvo en una posición perpendicular al conductor con corriente. Desplazó el conductor en diversas orientaciones y advirtió que la aguja siempre se disponía en ángulo recto respecto del conductor cuando por éste pasaba corriente.

Oersted continuó sus experimentos y halló que si la dirección de la corriente se invertía en el conductor, la aguja seguía disponiéndose en posición perpendicular, pero en dirección contraria. Descubrió asimismo que cuando sostenía el alambre bajo la brújula su efecto era exactamente opuesto al que obtenía cuando mantenía el alambre sobre ella.

Después de innumerables experimentos, Oersted reconoció el efecto magnético de la corriente eléctrica y se percató de que la electricidad que pasa por un conductor puede influir en otros materiales magnéticos tal como lo hace un imán. Este descubrimiento básico despertó un enorme interés en el nuevo campo del electromagnetismo y muchos científicos se pusieron de inmediato a trabajar para desarrollar y perfeccionar los experimentos de Oersted.

Nos resultará sencillo repetir los experimentos clásicos de Oersted usando materiales fáciles de conseguir.

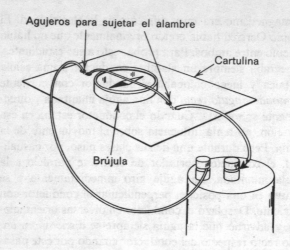

Agujeros para sujetar el alambre

Cartulina

Brújula

Figura A

He aquí cómo: Quita el aislamiento a lo largo de unos 3 centímetros al extremo de un trozo de alambre. Para hacer el experimento algo más fácil, haz pasar el alambre por un par de pequeños agujeros hechos en un trozo de cartón y coloca bajo el alambre una brújula tal como se muestra en la figura A. Conecta con firmeza un extremo del alambre a un borne de la pila y luego mueve el cartón de manera que la aguja imantada señale en la misma dirección que el alambre (o sea, que esté paralela a éste). Toca luego brevemente el otro borne con el otro extremo del alambre, mirando entretanto la brújula. ¿Ves lo que ocurre? La aguja gira de inmediato para ponerse perpendicular al alambre. Deja de tocar el borne con la punta suelta del alambre, y la aguja vuelve a su posición original. Invierte ahora las conexiones a la pila, invirtiendo así el sentido de paso de la corriente, y la aguja apuntará también en sentido contrario (figura

B). Retira la brújula de debajo del alambre. Estira éste, pónle la brújula encima, y repite el experimento. La aguja volverá a desviarse pero en sentido contrario.

Aparta gradualmente la brújula del alambre y observa hasta qué distancia actúa el campo magnético. Comprobarás que más allá de unos pocos centímetros ya no hay un efecto perceptible.

Si no tienes a la mano una brújula (o si deseas ser un verdadero experimentador), puedes emplear la construida en un experimento anterior cuando imantamos dos sujetapapeles con los que atravesamos un trozo de papel. En efecto, esa brújula servirá como excelente indicador. Es bastante fácil colocar el alambre encima y debajo de este pequeño dispositivo, tal como se ilustra en la figura C.

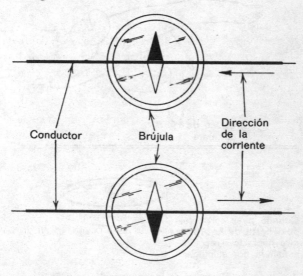

Figura B

141

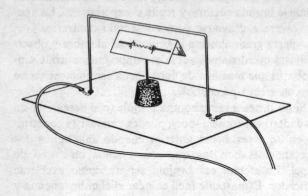

Figura C

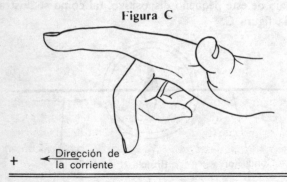

+ ← Dirección de la corriente

Cuando pasa corriente, el polo norte de la brújula gira hacia la dirección señalada por el pulgar

Regla de la mano derecha
Figura D

Podemos determinar el sentido en que girará la aguja incluso antes de hacer pasar una corriente. El científico francés André Ampère ideó una regla práctica para hacerlo. Pon tu mano derecha como se muestra en la figura D. Si tu dedo medio apunta hacia la brújula y tu índice señala la dirección de la corriente (sabemos que pasa del borne negativo hacia el positivo), tu pulgar indicará la dirección hacia la que se desviará el polo norte de la brújula.

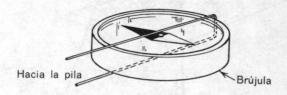

Hacia la pila

Brújula

Figura E

Podemos reforzar los efectos del alambre encima y debajo de la brújula, dando varias vueltas con él en torno a la misma (figura E). Esta vez la desviación será mayor, lo cual demuestra que un arrollamiento o bobina es más eficaz que un hilo solo.

EL CAMPO MAGNÉTICO QUE RODEA A UN CONDUCTOR CON CORRIENTE

Materiales que necesitarás
Colgador de ropa (o un metro de alambre rígido)

143

Brújula
Un metro de hilo de cobre aislado
Pila

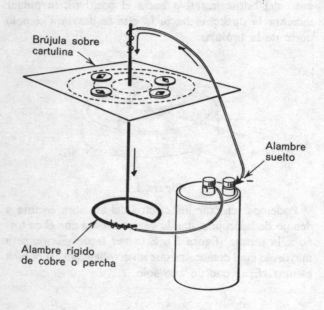

Brújula sobre
cartulina

Alambre
suelto

Alambre rígido
de cobre o percha

Figura A

Podemos demostrar la existencia de un campo magnético en torno a un conductor por el que pase corriente mediante otro experimento. Construye un pedestal como el ilustrado en la figura A, a partir de una percha o de un trozo de alambre rígido. En ambos extremos del alambre raspa cuidadosamente todo recubrimiento a lo largo de un par de centímetros. Toma un trozo de cartón de no menos de 10 × 5 centímetros, hazle un agujero en el centro y dibuja sobre él tres circunferencias concéntricas. La distancia entre las circunferencias debe ser de unos 25 milímetros y la más interna deberá distar unos 5 centímetros del orificio central, por donde pasará el alambre del pedestal. Usaremos estas circunferencias como marcas de referencia para que la brújula muestre la dirección del campo magnético.

Centra el cartón en el pedestal de manera que permanezca a mitad de camino sin deslizarse hacia abajo. Esto puede lograrse ya sea forzando el alambre a través del cartón, de manera que lo retenga por rozamiento, ya sea haciendo en el alambre un manguito de cinta adhesiva por debajo de donde debe quedar el cartón.

Conecta el pedestal a un borne de la pila mediante un conductor, tal como se ilustra. Coloca la brújula en cualquier parte de la primera circunferencia y con otro conductor, unido al otro extremo del pedestal, toca el otro borne de la pila. Si el circuito se ha conectado correctamente, la aguja se orientará en una dirección tangente a la circunferencia sobre la que yace. (El circuito debe mantenerse cerrado sólo un momento, pues de otra manera se agotará la pila con gran rapidez.)

Coloca la brújula en otra parte de la misma circunferencia. Toca nuevamente el mismo borne con el conductor suelto y anota la dirección en que apunta la brújula. Traslada el instrumento a una tercera, cuarta y quinta posición dentro de la circunferencia y verás que siempre se orientará siguiendo la tangente. Coloca la brújula sobre la circunferencia siguiente y repite el experimento. Verás que en todas las posiciones la aguja imantada se orienta en la misma dirección. Esto indica que la dirección del campo magnético es constante, que está situado en todo el entorno del alambre, y que se propaga desde su centro según una configuración semejante a la que se forma cuando se lanza un guijarro en un lago.

En el extremo del cartón, o quizá un poco más allá, es posible que la aguja imantada ya no tenga una reacción perceptible a consecuencia de la débil corriente que pasa por nuestra pequeña instalación experimental. Ello se debe a que la intensidad del campo magnético disminuye rápidamente conforme nos alejamos del alambre.

Para demostrar que dicho campo magnético no está situado sólo en ese preciso sector del alambre, sube y baja el cartón un par de centímetros a lo largo del pedestal. Comprobarás que cuando pasa corriente, la aguja se alinea en la misma dirección que antes, y que su respuesta será tan fuerte o débil como entonces.

Este experimento prueba la presencia del campo o envoltura magnética que circunda en todo momento a un conductor por el que pasa corriente. Este campo magnético no existe inicialmente, pero se crea tan pronto como se toca la pila (y pasa corriente). Permanece allí mientras hay un paso de corriente. Tan pronto como se interrumpe el circuito, se desvanece sin dejar huella.

Invierte las conexiones en la pila y repite los experimentos. El sentido de la aguja imantada será exactamente el contrario en todas las posiciones.

Es interesante mostrar el campo que existe en torno a un aro de alambre. Da al colgador o al alambre rígido de cobre la forma ilustrada en la figura B. Sitúa la brújula en diversas posiciones por el contorno de ambas ramas del alambre. Nuevamente quedará indicada una serie de circunferencias, una en el sentido de las manecillas de un reloj, y la otra en sentido opuesto. Si inviertes las conexiones de la pila, nuevamente comprobarás que se invierte la dirección del campo magnético, tal como te lo indicará la desviación de la brújula.

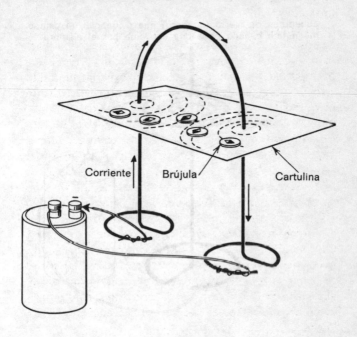

Figura B

OTRA MANERA DE MOSTRAR EL CAMPO MAGNÉTICO

Materiales que necesitarás
Pedestal de alambre

Limaduras de hierro
Pila

Limaduras de hierro (o acero) que evidencian el campo magnético cuando pasa una corriente por el alambre

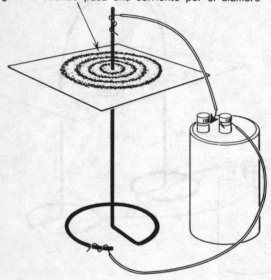

Usa el pedestal que construiste en el experimento anterior. Espolvorea limaduras de hierro alrededor del alambre, allí donde traspasa el centro del cartón. Con el conductor suelto, toca por un momento el borne libre de la pila, y mientras lo mantienes, da unos golpecitos en el cartón, para que las limaduras puedan moverse un poco. Verás que se alinean en circunferencias concéntricas, con centro en el alambre. Esto prueba, como lo hizo la brújula en el experimento precedente, que cuando por el alambre pasa una corriente, a su alrededor se forma un campo magnético.

Después de retirar el conductor del borne, vuelve a golpear suavemente el cartón. Verás que las limaduras se reordenan al azar, sin un orden aparente. Haz pasar otra vez la corriente, y si golpeas (haces vibrar) el cartón, naturalmente harás que las limaduras se reordenen en circunferencias concéntricas.

En este experimento mostramos sólo la existencia del campo magnético, no su dirección. Si se invierten las conexiones a la pila se produce una figura que no puede distinguirse de la anterior.

UN CONDUCTOR QUE RECOGE LIMADURAS
DE HIERRO

Materiales que necesitarás
   Limaduras de hierro o restos de esponja de acero
   Pila de seis voltios
   Un metro de hilo conductor aislado

Anteriormente mostramos que en torno a un alambre existe un campo magnético cuando por él está pasando corriente. Si esto es verdad, ¿no debería ser capaz el alambre de recoger limaduras de hierro como lo hace un imán? Comprobémoslo.

Las limaduras de hierro que necesitas puedes obtenerlas fácilmente pasando una lima metálica sobre un clavo o alguna vieja pieza de fundición. Puedes también usar los trozos de lana de acero que se obtienen frotando ligeramente dos esponjas de acero entre sí. Fabrica por lo menos limaduras suficientes como para cubrir una peseta, y forma con ellas un montoncito.

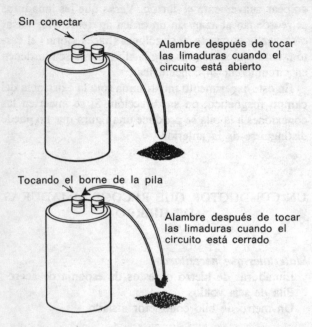

Sin conectar

Alambre después de tocar las limaduras cuando el circuito está abierto

Tocando el borne de la pila

Alambre después de tocar las limaduras cuando el circuito está cerrado

Quita un par de centímetros de aislamiento a cada extremo del alambre y conéctalo a un borne de la pila. Dobla el alambre en U por el centro y hunde ese codo en las limaduras. Levántalo, y comprueba si se le ha pegado alguna limadura. Verás que no. Mételo otra vez en el montoncillo de limaduras, toca con el extremo libre del alambre el otro borne de la pila, y mientras lo haces, saca el codo de entre las limaduras. Verás que esta vez una buena parte de las limaduras se adhieren al alambre. Deja de tocar el borne de la pila y las limaduras caerán. Ya no se pegarán al alambre a menos que nuevamente se conecten sus dos extremos a la pila y pase por él una corriente. No mantengas conectados ambos bornes de la pila por más de unos segundos, pues se te agotará muy pronto si lo haces.

Lo que ha sucedido es lo siguiente. Sabemos que las limaduras de hierro son atraídas por la fuerza magnética. Como el alambre de cobre, no magnético, no posee atracción, se habrá creado a su alrededor una fuerza que atrae las limaduras de hierro. Se trata del campo magnético que demostramos anteriormente con la brújula. En este caso confirmamos una vez más que al hacer pasar una corriente por un alambre se establece alrededor de él un campo magnético, que desaparece tan pronto como se interrumpe la corriente.

CÓMO VERIFICAR LA POLARIDAD MAGNÉTICA DE UN SOLENOIDE

Materiales que necesitarás
Tres metros de hilo conductor de alambre aislado
Brújula
Pila
Clavo grande

Pocos meses después de hacerse públicos los descubrimientos magnéticos de Oersted, André Ampère investigó más a fondo este fenómeno. Fabricó un arrollamiento o bobina enrollando un largo hilo conductor en torno a una varilla y advirtió que cuando hacía pasar una corriente por él y acercaba esta bobina a una brújula, el efecto producido sobre ésta era mucho más intenso que el creado por un solo hilo. Pronto se dio cuenta de que una bobina actúa de modo muy semejante al de un imán recto, puesto que también tiene un polo norte y uno sur, que están situados a los extremos del arrollamiento.

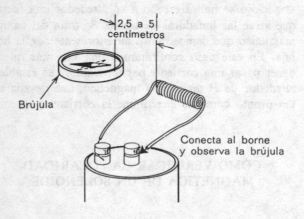

2,5 a 5 centímetros

Brújula

Conecta al borne y observa la brújula

Figura A

Podemos repetir los experimentos de Ampère enrollando nuestro alambre en torno a un lápiz y dejando unos 30 centímetros a cada extremo sin enrollar. Saca el lápiz por deslizamiento y tendrás lo que se conoce como *solenoide*. Acerca el solenoide a la brújula (figura A), fija un extremo del alambre a la pila, y toca el otro borne en el otro extremo. La aguja se desviará, mostrando que está influida por un campo magnético.

Descubrimos que cuando el alambre está enrollado de esta manera, la fuerza magnética producida a lo largo de toda su longitud está comprimida en un espacio bastante pequeño. Acércalo más a la brújula y ésta se desviará aún más, pero todavía se perderá en el aire gran parte del magnetismo disponible.

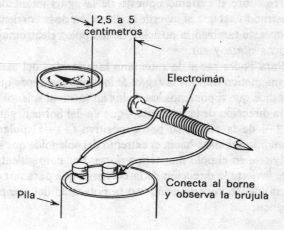

2,5 a 5 centímetros

Electroimán

Conecta al borne y observa la brújula

Pila

Figura B

Si introduces un clavo grande dentro del solenoide, el campo magnético se concentrará en torno al clavo; ahora tienes un *electroimán,* que examinaremos con detalle en el próximo experimento.

Mantén el solenoide con el clavo a la misma distancia de la brújula que antes y vuelve a tocar el borne de la pila (figura B). Esta vez la desviación será mucho más notoria, puesto que hemos concentrado o canalizado la fuerza magnética disponible en el clavo y en torno a él.

En este momento se nos presenta un interrogante. ¿Depende la polaridad del campo magnético de la manera en que se conecten los alambres a la pila? Des-

153

cubrámoslo. Repite todos los experimentos anteriores, pero antes de hacerlo, intercambia la conexión de los conductores a la pila. Con ello se invertirá el sentido de la corriente. Comprobarás que, entonces, la atracción se ejerce sobre el extremo opuesto de la aguja imantada, mostrando así que al invertir la dirección de la corriente se invierte también la posición de los polos electromagnéticos norte y sur.

Para poder saber de antemano la polaridad del campo magnético usamos la *regla de la mano izquierda* que nos dice que si ponemos los dedos en torno al solenoide en la dirección de la corriente —que va del borne negativo (−) de la pila a su borne positivo (+)— el pulgar extendido señalará hacia el extremo del solenoide que se convierte en el polo magnético norte. Por consiguiente, si se invierte la dirección de la corriente que pasa por el solenoide, se invierte asimismo la polaridad del campo magnético.

CONSTRUCCIÓN DE UN ELECTROIMÁN

Materiales que necesitarás
   Clavo (de unos 7,5 centímetros o más de longitud)
   Tres metros de alambre de cobre aislado
   Pila de seis voltios
   Algunos sujetapapeles, tachuelas, alfileres u otros pequeños objetos magnéticos

La mayor ventaja inmediata del descubrimiento de Oersted fue sin duda la invención del electroimán. Lo concibieron independientemente Joseph Henry, científico estadounidense que dirigió el Smithsonian Institute, y William Sturgeon, físico inglés. Muchos científicos lo consideran como uno de los mayores inventos de los tiempos modernos.

En 1825 Sturgeon dobló una barra ordinaria de hierro en forma de herradura. Luego lo recubrió con barniz y enrolló en él alambre de cobre desnudo. Cuando hizo pasar por el alambre una corriente procedente de una pila voltaica, la herradura se convirtió en un imán que podía soportar un peso de 4,5 kilogramos; hazaña notable en aquella época. Pronto se elaboraron electroimanes cada vez más poderosos basándose en este principio.

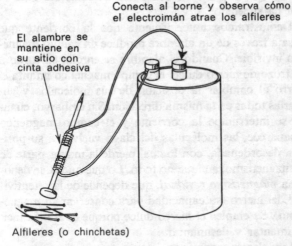

Conecta al borne y observa cómo el electroimán atrae los alfileres

El alambre se mantiene en su sitio con cinta adhesiva

Alfileres (o chinchetas)

Construir un electroimán es bastante sencillo. Dejando libre un cabo de unos 30 centímetros, enrolla el hilo alrededor del clavo, empezando por cualquiera de ambos extremos. Continúa enrollando una capa sobre otra, siempre en el mismo sentido de giro, hasta que quede otro cabo de unos 30 centímetros. Hecho esto, es conveniente envolver el arrollamiento con cinta adhesiva para mantenerlo en su sitio. Quita el aislamiento de los dos extremos del conductor, y conecta uno de ellos a uno de los bornes de la pila.

Sostén el electroimán sobre un montoncito de tachuelas o alfileres y toca el otro borne de la pila con el cabo libre de alambre. En ese mismo instante, las tachuelas saltarán hasta uno o ambos extremos del clavo, que ahora actúa como un imán. Deja de tocar el borne con el conductor, y las tachuelas caerán de inmediato. Quizá quede adherida una de ellas. He aquí lo que ha sucedido.

Demostramos anteriormente que la corriente que pasa a través de un alambre produce un campo magnético invisible. Cuando el alambre se enrolla en torno a un trozo de hierro dulce, el campo magnético imanta el hierro al cambiar la posición de sus moléculas y alinearlas todas en la misma dirección. Sin embargo, cuando se interrumpe la corriente y el campo magnético desaparece, las moléculas del clavo vuelven a su posición desordenada, con lo cual pierde la mayor parte de su magnetismo, aunque no todo. Lo que queda se denomina *magnetismo residual,* que depende de la retentividad del hierro (su capacidad para conservar su magnetismo). Se emplea el hierro dulce porque es el más fácil de imantar y desimantar.

Los electroimanes son imanes transitorios que pueden activarse y desactivarse fácilmente. En caso necesario pueden hacerse potentísimos. Se les encuentra en timbres de puerta (de zumbador y de campana) teléfonos, telégrafos, relés, altavoces, relojes eléctricos, ventiladores, refrigeradores, lavadoras, mezcladoras, generadores, disyuntores, conmutadores automáticos, etc. Las grúas con electroimanes se usan para cargar y descargar hierro y para separar el hierro y el acero de otros materiales.

La potencia de un electroimán depende del número de espiras o vueltas del conductor, y también de la corriente disponible. Quizá quieras probar esto multiplicando o dividiendo el número de vueltas por dos y comprobando la potencia del electroimán anotando el número de alfileres que puede recoger en un determinado momento. Usa también dos o más pilas conectadas en serie, y observa la mayor potencia del electroimán.

CÓMO MOSTRAR UN CAMPO MAGNÉTICO TRIDIMENSIONAL

Materiales que necesitarás
  Partículas eléctricas flotantes
  Electroimán (construido en el experimento precedente)
  Pila de 6 voltios

Este experimento se realiza prácticamente en la misma forma que el correspondiente al apartado Magnetismo y que tiene igual título. En aquél pusimos en evidencia el campo magnético de un imán permanente mediante pequeñas partículas flotantes en aceite transparente, en un recipiente de vidrio o de plástico. En esta ocasión, después de agitar el aceite, en vez de acercar un imán

157

permanente al recipiente, usaremos el electroimán construido en el experimento precedente.

Frasco que contiene aceite

A la pila

Nuevamente, el campo magnético es evidenciado por la posición que adoptan las partículas metálicas. Tendrá una forma muy parecida a la producida por el imán permanente, lo cual muestra que la configuración del campo magnético de un electroimán es semejante a la de un imán permanente. El número de partículas atraídas por el electroimán (o, en su caso, por el imán permanente) depende de la potencia de éste. (Ten cuidado de no dejar conectada tu pila demasiado tiempo.)

Con los mismos elementos puede mostrarse asimismo la atracción o repulsión de campos magnéticos, ya sea usando dos electroimanes o para mostrar que el campo magnético de un electroimán tiene las mismas características del de un imán permanente, usando un electroimán y un imán permanente. Para mostrar la atracción o repulsión de los polos magnéticos, invierte el polo del imán permanente que estés usando, o bien las conexiones del electroimán a la pila.

CÓMO IMANTAR TU DESTORNILLADOR

Materiales que necesitarás
   Cinco metros de alambre de cobre aislado
   Lápiz
   Pila de 6 voltios
   Sujetapapeles
   Destornillador

Antes de empezar, comprueba si tu destornillador está o no imantado, acercándolo a los sujetapapeles y viendo si los atrae. No ocurrirá esto a menos que el destornillador se haya imantado por azar.

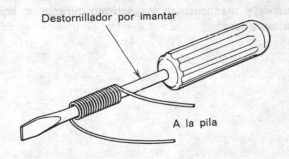

Destornillador por imantar

A la pila

Quita el aislamiento a lo largo de unos dos centímetros en ambos extremos del alambre. Dejando un cabo de unos 30 centímetros, enrolla el alambre en torno a un lápiz, hasta hacer una larga bobina. Tras unas cinco a diez vueltas, pon tirante el alambre y junta las espiras. Continúa enrollando hasta que te quede otro cabo de unos 30 centímetros. Aprieta las espiras y retira el lápiz. Así te quedará una bobina de conductor. Conecta uno de sus extremos a un borne de la pila. Introduce el destornillador donde estuvo el lápiz. Conecta, durante no más de 10 segundos, el otro extremo del alambre al otro borne de la pila. El orden de conexión de los extremos de alambre con los bornes es indiferente. Saca el destornillador de la bobina y trata de recoger con él unos sujetapapeles. Verás que en efecto los recoge, lo que indica que ahora está imantado.

Lo que hemos hecho es crear un imán permanente. Es decir, hemos inducido un campo magnético en el destornillador de modo más o menos permanente. Después de haber desconectado nuestro circuito, el destornillador sigue imantado. Seguirá estándolo durante horas, días o años, según el material de que esté hecho. Como los destornilladores están hechos de acero y tienen, por tanto, una elevada retentividad, forman buenos imanes y mantienen su magnetismo durante un lapso bastante largo.

EL MAGNETISMO GENERA ELECTRICIDAD

Materiales que necesitarás
  Indicador de corriente
  Imán recto
  Unos dos metros de alambre de cobre, aislado

No mucho tiempo después de que Oersted demostrara al mundo que una corriente eléctrica produce un campo magnético, otros científicos se preguntaron, naturalmente, si no sería posible invertir el proceso y obtener una corriente eléctrica a partir del magnetismo.

Esta pregunta había de ser respondida pronto por Michael Faraday, nacido en 1791 en una familia inglesa de escasos medios (su educación formal fue escasa). Aunque empezó como ayudante de laboratorio en la Royal Institution de Londres, llegó con el tiempo a ser director de esa famosa institución a consecuencia de sus brillantes invenciones y descubrimientos. El logro más señalado de Faraday fue el descubrimiento de que, en efecto, un imán puede usarse para generar electricidad. Este descubrimiento sentó la base para la industria eléctrica, tal como la conocemos, al mostrarnos cómo generar energía eléctrica.

Faraday puso muchas veces un imán dentro de una bobina de alambre, buscando luego un indicio en su detector de corriente. Pero sufrió una decepción tras otra. Un día del año 1831, quizá en un rapto de impaciencia, metió de golpe el imán en una bobina de alambre. Al hacerlo, su detector le mostró que por la bobina había pasado una corriente. Había descubierto el secreto. Era preciso el *movimiento* del imán. El imán solo no producía electricidad, pero proporcionaba el medio por el cual podía cambiarse la potencia mecánica en energía eléctrica. Faraday había hecho que el campo magnético invisible que rodeaba al imán en movimiento cortara las espiras de su bobina; es esta acción la que genera la corriente eléctrica (aunque nadie sabe exactamente por qué ha de ser así). Podemos repetir fácilmente el experimento de Faraday usando una bobina de alambre de cobre, un imán y nuestro detector de corriente.

Quita el aislamiento de ambos cabos del alambre a lo largo de unos 3 centímetros: cerciórate de que aparece el cobre brillante. Enrolla el alambre en torno a un mango de escoba u otro objeto cilíndrico (incluso servirán dos o tres dedos) cuyo diámetro sea mayor que el del imán, y deja a cada extremo unos 60 centímetros sin enrollar. Haz tantas espiras y tan apretadas como puedas. Saca el mango de escoba. Sujeta las espiras mediante cinta adhesiva y conecta los extremos sin aislamiento al detector de corriente que construimos en un experimento anterior, poniéndolo sobre la mesa. Endereza los alambres de manera que la bobina quede a más de 60 centímetros de distancia del detector de corriente.

Introduce rápidamente uno de los polos del imán en el centro de la bobina, mientras observas el detector de corriente. Conforme introduces el imán, la aguja se moverá. Una vez que el imán esté dentro de la bobina y ya no se mueva, la aguja volverá a su posición inicial. Quita el imán y la aguja oscilará nuevamente, pero esta vez en dirección opuesta. He aquí lo que ha pasado:

Hemos demostrado anteriormente que en torno a un imán existe un campo magnético, y que un campo magnético parece estar compuesto de cierto número de líneas. Estas líneas «cortan» la bobina cuando introduces el imán. El resultado de esto es la generación de una corriente (figura A). Este importantísimo descubrimiento se usa en el generador eléctrico, o dinamo, que nos proporciona casi toda la corriente eléctrica que empleamos.

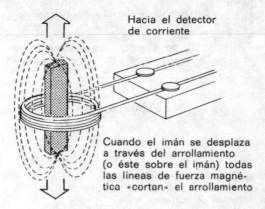

Hacia el detector de corriente

Cuando el imán se desplaza a través del arrollamiento (o éste sobre el imán) todas las líneas de fuerza magnética «cortan» el arrollamiento

Figura A

Repite el experimento, pero esta vez pon al revés el imán, de manera que el otro polo entre primero en la bobina. Ahora la aguja imantada se desviará en dirección opuesta, lo que indica que la dirección de la corriente que producimos depende del polo magnético que se introduce primero en la bobina.

Para probar que es indiferente cuál de estos elementos se mueva, mantén inmóvil el imán y desplaza la bobina sobre él. El efecto es igual que si se mantuviese inmóvil la bobina y se desplazara el imán. Ahora intentemos otra cosa.

163

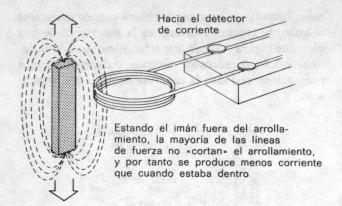

Hacia el detector
de corriente

Estando el imán fuera del arrollamiento, la mayoría de las líneas
de fuerza no «cortan» el arrollamiento,
y por tanto se produce menos corriente
que cuando estaba dentro

Figura B

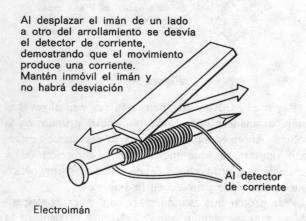

Al desplazar el imán de un lado
a otro del arrollamiento se desvía
el detector de corriente,
demostrando que el movimiento
produce una corriente.
Mantén inmóvil el imán y
no habrá desviación

Al detector
de corriente

Electroimán

Figura C

Pasa el imán a lo largo del exterior de la bobina, en vez de introducirlo (figura B). Esta vez también generarás una corriente. Sin embargo, como el campo magnético al parecer corta sólo una parte de cada espira, esta vez la desviación producida es menor, lo que prueba que hemos producido menos corriente.

Puedes también emplear el electroimán construido en un experimento anterior. Conéctalo al detector de corriente, y desplaza el imán a lo largo del electroimán (figura C). La desviación que se produce, ¿es mayor o menor que la observada cuando anteriormente introducías el imán en la bobina?

Cerciórate de que tu electroimán esté en todo momento lo bastante alejado del detector de corriente como para que su movimiento no afecte a la brújula.

Intenta generar más corriente de las maneras siguientes:

1. Haciendo una bobina con más espiras.
2. Moviendo más rápido el imán.
3. Usando un imán más potente.

Como puedes comprobar fácilmente, los tres factores apuntados inciden directamente en la cantidad de corriente que produces.

CONSTRUYAMOS UN TRANSFORMADOR

Materiales que necesitarás
Clavo grande de hierro
Indicador (detector) de corriente
3 metros de alambre de cobre, aislado
Imán recto
Pila de 6 voltios

Faraday continuó experimentando el año 1831. Esta vez enrolló dos bobinas de alambre de cobre (que estaban separadas una de otra) en un anillo de hierro dulce de unos 15 centímetros de diámetro. Conectó los alambres de una bobina a un indicador de corriente y los del otro a una pila. Entonces advirtió que en el instante mismo en que se conectaba una bobina a la pila, el indicador de corriente que estaba conectado a la otra bobina daba un indicio. Cuando se desconectaba la pila, la aguja volvía a desviarse, pero al cabo de un momento se quedaba en su posición original. Faraday llamó a su descubrimiento «inducción volta-eléctrica».

Luego efectuó un segundo experimento. Enrolló la segunda bobina directamente sobre la primera y advirtió que esta vez el efecto en la aguja era mucho más notorio.

De esta manera, Faraday descubrió un modo de transmitir una corriente eléctrica de un circuito a otro utilizando sólo el efecto magnético de esa corriente sin un contacto eléctrico efectivo entre ambos. He aquí el por qué:

Hemos demostrado que una corriente que pasa por una bobina establece un campo magnético en torno a ella. En el experimento anterior establecimos una corriente desplazando un imán a través de una bobina. La conjugación de ambos efectos forma lo que se llama un *transformador*. La corriente que pasa a través de una bobina crea un campo que produce (induce) una corriente en la otra bobina sin que entre ambas bobinas exista ningún contacto eléctrico efectivo. Intentémoslo.

Forma una bobina enrollando unas 50 espiras de alambre aislado en torno a un extremo de un clavo grande. Esta bobina, a través de la cual entrará nuestra corriente, se llama el *arrollamiento primario*. Luego, cerca del primario, enrolla una segunda bobina de aproximadamente el mismo número de espiras. Este es el *arrollamiento secundario* y nuestra corriente saldrá a través de él.

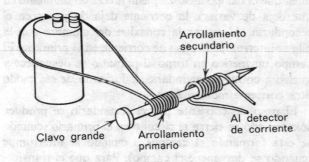

Figura A

Los arrollamientos primario y secundario forman en conjunto *el transformador*. Quita el aislamiento de los extremos de los alambres y únelos a los alambres del detector de corriente. Cualquier corriente que pase por este arrollamiento será evidenciada por un movimiento de la aguja imantada. Conecta uno de los extremos del arrollamiento primario a un borne de la pila, como se muestra en la figura A. Con el otro extremo toca el otro borne, de manera que por el arrollamiento primario pase corriente. La aguja imantada se moverá momentáneamente para luego regresar a su posición original. Deja de tocar el borne con el alambre suelto y la aguja se desviará brevemente una vez más, para regresar al estado de reposo.

He aquí lo que sucede: Tan pronto como tocamos el segundo borne de la pila, la corriente empieza a pasar a través del arrollamiento primario y a su alrededor se forma un campo magnético. Las líneas de fuerza de este campo cortan el arrollamiento secundario. Esta acción, que es análoga a pasar un imán a través de la bobina secundaria, crea una corriente transitoria. En el momento en que el campo alcanza plena fuerza (el momento en que deja de variar), la corriente deja de pasar en el secundario. Al retirar la conexión del alambre con la pila se interrumpe el paso de corriente en el primario. El campo magnético en torno al primario se desvanece y vuelve a cortar el secundario, induciendo de ese modo otra corriente momentánea.

El paso de corriente por el secundario se produce sólo cuando se cierra el circuito en el primario (cuando se está formando el campo) o cuando se interrumpe (cuando se desvanece el campo). Para que el transformador sea un dispositivo práctico, la corriente que pasa por el primario debe cambiar continuamente para variar el campo magnético. Esta variabilidad la proporciona la corriente alterna (c.a.), el tipo de corriente en uso en todo el mundo actualmente. Esta corriente va aumentando desde cero a un máximo, luego decrece, invierte la polaridad, disminuye hasta cero, y luego el ciclo se repite.

De este modo, los transformadores pueden usarse para aumentar y disminuir la tensión (voltaje, o diferencia de potencial) de una corriente alterna. Si se desea un transformador *elevador* de tensión, se usan más vueltas en el arrollamiento secundario que en el primario. Si se quiere un transformador *reductor* de tensión, se hace el secundario de menos espiras que el primario. Un transformador no se emplea nunca en un circuito de corriente continua (c.c.) por la sencilla razón de que no funcionaría.

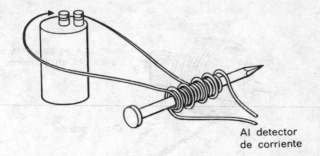

Al detector
de corriente

Figura B

Anteriormente demostramos que para producir la
mayor corriente posible, es preciso que corten la bobina
el mayor número posible de líneas magnéticas de fuerza. Para probar una vez más este hecho, enrolla otra
vez ambas bobinas en el clavo con igual número de
espiras que antes, pero disponiendo un arrollamiento
sobre el otro (figura B), es decir, lo más cerca que se
pueden colocar. Conecta nuevamente la pila y observa
el detector de corriente. Esta vez la desviación será
mayor que antes. Para lograr la mayor transferencia
posible de energía hay que usar el *acoplamiento* más
estrecho.

Podemos dar un paso más en nuestros experimentos.
Generemos nuestra propia corriente y a través de la
actuación de un transformador desviemos el indicador
de corriente. Conecta la bobina hecha en el experimento
anterior a los dos alambres primarios del «transformador de clavo de hierro», y conecta el secundario al indicador de corriente. Introduce con rapidez el imán en la
bobina (cerciórate de que el imán esté lo bastante lejos

169

de la brújula como para no afectarla), y la aguja imantada se desviará (figura C).

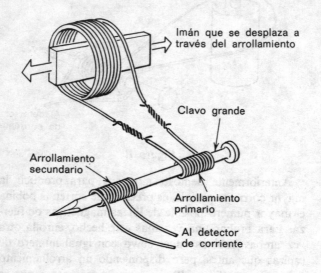

Imán que se desplaza a
través del arrollamiento

Clavo grande

Arrollamiento
secundario

Arrollamiento
primario

Al detector
de corriente

Figura C

CONSTRUCCIÓN DE UN PORTALÁMPARAS

Materiales que necesitarás
   Tablilla de madera de 50 × 130 × 13 milímetros
   Dos sujetapapeles
   Tres chinchetas
   Un metro de conductor aislado
   Bombilla roscada (de 6 voltios para una pila de 6 vol-
tios)

En algunos de los experimentos que siguen necesitaremos un casquillo de lámpara. Es muy fácil comprar uno, pero mucho más fácil es construirlo.

Dos sujetapapeles doblados de modo que el casquillo se atornille entre ellos, se mantenga vertical y también haga contacto con la chincheta de abajo

Chincheta

Da una vuelta al sujetapapeles alrededor de la chincheta

Chincheta

Alambres que conducen a la pila

Chincheta

Chincheta

Da una vuelta al sujetapapeles alrededor de la chincheta

Alambre desnudo enrollado en torno al sujetapapeles, ambos sujetos con chincheta

Cabeza de chincheta en que se ha raspado toda pintura, y alambre desnudo enrollado en torno suyo para conectar con la pila

Endereza los dos sujetapapeles y en uno de los extremos de cada uno forma un aro algo más pequeño que la base de la bombilla, de manera que ésta se enrosque en ese aro. Luego, en otro extremo de cada sujetapapeles, haz un pequeño aro que ajuste con la chincheta que se usará para mantenerlo en su sitio. Elimina cualquier aislamiento que hubiera, de la cabeza de una tercera chincheta. Cerciórate de que no quede pintura. Quita el aislante de ambos extremos de dos cabos de hilo conductor de 30 centímetros cada uno, a lo largo de unos 3

171

centímetros. Enrolla con unas cuatro vueltas del extremo pelado de uno de estos alambres en torno a la chincheta cuya cabeza acabas de limpiar y clávala en el centro de la tablilla.

Sitúa luego los dos sujetapapeles de modo que ambos aros grandes queden exactamente encima de la chincheta, en el centro de la tablilla, y manténlos en su sitio con las otras dos chinchetas, tal como se muestra en la ilustración. En torno a una de estas chinchetas enrolla el extremo pelado del otro alambre de manera que haga contacto con la chincheta y a su vez con el sujetapapeles. Los sujetapapeles ya conformados deberán recurvarse ligeramente hacia arriba, de manera que entre ellos pueda colocarse la bombilla; ésta debe quedar vertical al roscarse a fondo y hacer contacto con la chincheta. Puede que esto precise ajustar o doblar un poco los sujetapapeles, pero finalmente formarás un casquillo muy sencillo y eficaz. Los conductores que salen del centro y de un lado encenderán tu pequeña bombilla cuando se conecten a una pila.

Construye al menos dos de estos conjuntos portalámparas para usarlos en los experimentos siguientes. Cerciórate de que la capacidad de tu bombilla en voltios es la de la pila que usas. Sugerimos una pila de seis voltios, por consiguiente necesitarás bombillas para seis voltios.

REGULA TU CORRIENTE

Materiales que necesitarás
Lápiz
Bombilla de linterna (para 6 o 1,5 voltios, según la pila que uses)

Pila (de 6 o 1,5 voltios, conforme a la bombilla)
Un metro y medio de conductor aislado
Casquillo portalámparas construido en el experimento anterior

Cuando una bombilla de linterna se conecta a una pila, pasa una corriente por la bombilla, se calienta su filamento y produce luz. Si podemos regular ese flujo de corriente, podremos regular la cantidad de luz que obtengamos de nuestra bombilla: si tenemos menos corriente, obtendremos menos luz. Para obtener menos corriente debemos impedir su paso introduciendo algún tipo de resistencia que se oponga al paso de la corriente. Al dispositivo que vamos a construir suele llamársele un *reóstato*. Para ello podemos usar la mina de un lápiz. Retira cuidadosamente alrededor de la mitad de la madera que cubre un lápiz largo, con un par de alicates o un cuchillo, de manera que su mina quede intacta y al descubierto.

Conecta el circuito como se muestra en la ilustración (a estas alturas evidentemente ya sabes que debes quitar el aislamiento de los cables allí donde los conectes con la pila, con la bombilla y con el lápiz). Desplaza el extremo del hilo a lo largo de la mina. Conforme te acercas a la punta del lápiz, en donde está la conexión a la pila, la luz se hace más brillante. Conforme te alejas de esa conexión hacia el otro extremo del lápiz, la luz se atenúa. He aquí el por qué:

La mina del lápiz actúa como un regulador de corriente o reóstato. Es conductora de la electricidad, pero no muy buena. Conforme aumentamos la distancia entre la punta del alambre y la punta del lápiz, más cercana a la pila, interponemos una cantidad creciente de

173

mina, o sea que obligamos a la corriente a recorrer una distancia cada vez mayor a través de la mina. Como la mina no es muy buena conductora, ofrece bastante resistencia al paso de la corriente. Conforme oponemos más resistencia, tenemos menos corriente, que nos da menos luz.

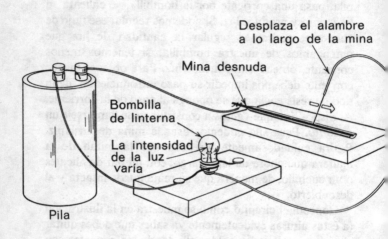

Desplaza el alambre a lo largo de la mina

Mina desnuda

Bombilla de linterna

La intensidad de la luz varía

Pila

Con el principio del reóstato deslizante se regula la corriente en los receptores de radio para variar el volumen del sonido, en los motores eléctricos para variar su velocidad, en otros artefactos para variar su generación de calor, y en las luces de teatro para atenuarlas o incrementarlas. Por cierto, que en esos aparatos la regulación no se logra deslizando un alambre sobre un lápiz, pero el principio es el mismo. Un contacto deslizante que se desplaza haciendo girar un eje varía la magnitud de resistencia que se introduce en el circuito.

CONSTRUCCIÓN DE UN INTERRUPTOR

Materiales que necesitarás

Base de madera de unos 5 × 10 centímetros (al menos 1 centímetro de espesor)

Tres chinchetas

Un sujetapapeles

Un metro de conductor, aislado

Conjunto portalámparas

Conecta dos conductores del conjunto portalámparas a la pila: la bombilla se enciende. Cuando se retira uno de los hilos de su respectivo borne de la pila, la bombilla se apaga. Cuando se efectúan las conexiones a la pila tenemos lo que se llama un *circuito cerrado,* y cuando se desconecta uno de los conductores, tenemos un circuito abierto. En un circuito abierto la corriente no puede pasar a través de la bombilla para hacer que se encienda. Aunque el hecho de conectar el hilo con la batería y retirarlo nos permite encender y apagar la bombilla, no siempre es cómodo interrumpir un circuito de esta manera. No apagamos las luces en casa quitando un cable, ni las encendemos conectándolo: usamos un interruptor.

Construyamos un interruptor sencillo. Será útil para nuestros experimentos e ilustrará también el funcionamiento de un interruptor muy parecido al que se emplea para encender y apagar las luces.

Limpia la cabeza de una chincheta quitando toda la pintura hasta que aparezca el metal (como toque final puedes usar un poco de papel de lija). Quita el aislamiento de ambos extremos de dos trozos de conductor de 30 centímetros de longitud cada uno. Con estos extremos pelados da varias vueltas en torno a la punta de la chincheta y clávala en la madera a unos 2 centímetros de uno de los bordes.

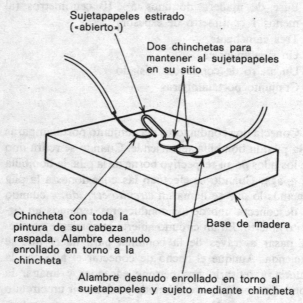

Sujetapapeles estirado («abierto»)

Dos chinchetas para mantener al sujetapapeles en su sitio

Chincheta con toda la pintura de su cabeza raspada. Alambre desnudo enrollado en torno a la chincheta

Base de madera

Alambre desnudo enrollado en torno al sujetapapeles y sujeto mediante chincheta

Luego abre un sujetapapeles, tirando hacia fuera su gancho interior, como se muestra en la ilustración. No lo aplanes totalmente, sino haz que el gancho mayor quede un poco levantado cuando sujetes el gancho menor contra la madera. Para mantener en su sitio el gancho menor, usa las otras dos chinchetas. Pero primero enrolla uno de los extremos pelados del segundo trozo de conductor en torno al codo del gancho menor. Clava las dos chinchetas de manera que una mantenga este conductor en su sitio y que cuando el gancho mayor se presione hacia abajo, toque en el centro de la tercera chincheta, la que limpiaste de pintura y clavaste cerca del borde de la tablilla.

Ahora el interruptor está terminado. El sujetapapeles tiene elasticidad suficiente como para que después de ser presionado hacia abajo por uno de tus dedos, vuelva arriba por sí solo. Este interruptor tan sencillo es del tipo que cierra el circuito al presionarlo, y tan pronto como lo sueltas abre otra vez el circuito.

Un interruptor básico consta fundamentalmente de dos contactos que pueden conectarse entre sí a voluntad para que entre ellos puedan pasar electrones. Cuando estos contactos están separados, se detiene el paso de electrones y se dice que el interruptor está *abierto*. De modo que el abrir o cerrar un interruptor interrumpe o permite el paso de una corriente en el circuito respectivo.

CONSTRUYE UN MEDIDOR DE CONDUCTIVIDAD

Materiales que necesitarás
   Pila (de 1,5 o de 6 voltios)
   Conjunto portalámparas
   Un metro y medio de hilo conductor aislado
   Dos lápices con extremo de goma de borrar
   Dos chinchetas

Las substancias pueden dividirse prácticamente en dos categorías: las *conductoras*, que permiten que a través de ellas pase fácilmente la electricidad, y las *no conductoras,* o aislantes, a través de las cuales los electrones o no pasan, o en el mejor de los casos tienen grandes problemas para pasar. Desde mediados de este siglo se ha hallado que un nuevo grupo de materiales, situados entre los conductores y los aislantes, tiene gran importancia. Estos materiales, llamados *semiconductores,* hicieron posible la creación del transistor. Aislantes son la mica, el caucho, el vidrio, la seda y los aceites. Los mejores conductores son los metales, pero no todos los metales son igualmente buenos como conductores. A continuación enumeramos algunos metales muy conocidos en orden decreciente de capacidad de conducción de corriente:

1. Plata
2. Cobre
3. Oro
4. Aluminio
5. Magnesio
6. Wolframio
7. Hierro
8. Estaño
9. Plomo
10. Mercurio

Los conductores contienen gran número de electrones libres y, por lo tanto, permiten fácilmente el paso de electrones por su interior. Aunque el mejor conductor es la plata, es demasiado cara como para usarla comúnmente, de manera que para la mayoría de los trabajos eléctricos se prefiere el cobre, que es muchísimo más barato.

Cuando los electrones se desplazan en un conductor, se produce una corriente eléctrica. Dicha corriente consiste prácticamente en que ciertos electrones empujan a otros electrones que pueden moverse libremente en el material por el que pasa la corriente. Estos últimos electrones a su vez, empujan a otros y así sucesivamente a lo largo del material. De hecho, cada electrón se desplaza solamente una corta distancia antes de chocar con otro, el que ha sido golpeado se desplaza una corta distancia, choca con otro, y así sucesivamente.

En cambio, los no conductores tienen pocos electrones libres y prácticamente no permiten a través de sí el paso de una corriente. En los trabajos eléctricos se les emplea como envoltura de los alambres portadores de corriente o como soportes de tales alambres.

Construyamos un medidor de conductividad que pueda emplearse para probar materiales. Conecta uno de los hilos del conjunto portalámparas a uno de los bornes de la pila, el otro conductor del portalámparas y un alambre conectado al borne libre de la pila, habrán de conectarse a nuestra sonda de prueba.

La sonda de prueba se construye de la manera siguiente: Limpia bien de pintura las cabezas de dos chinchetas. Quita 3 cm del aislamiento de los extremos libres de los alambres conectados al portalámparas y a la pila. Enrolla una de estas puntas peladas dando al menos seis vueltas alrededor de una de las chinchetas, y la otra en torno a la otra chincheta. Clava luego a fondo una chincheta en cada goma de lápiz, según se muestra en el dibujo. Tu probador está completo. Para ver si funciona correctamente, toca entre sí las chinchetas: estás cerrando el circuito, y si todas las conexiones están bien hechas, la bombilla se encenderá. Separa luego ambas sondas, y veamos cómo podemos usar nuestro instrumento.

Reúne cierto número de objetos de los cuales quieras saber si son conductores de la electricidad o no. Te sugerimos, entre otros, los siguientes: una moneda, un tenedor, un trozo de cartón, clavos, papel, tela, caucho, una llave, una tablilla, un pedazo de papel de aluminio, tiza, algún objeto de plástico, una olla de metal, y cualquier otra cosa que se te ocurra.

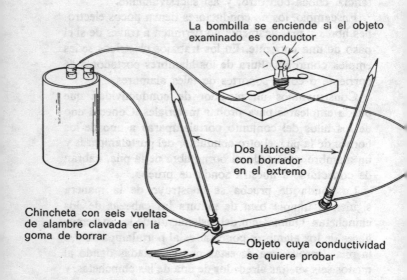

La bombilla se enciende si el objeto examinado es conductor

Dos lápices con borrador en el extremo

Chincheta con seis vueltas de alambre clavada en la goma de borrar

Objeto cuya conductividad se quiere probar

Aplica tu sonda de prueba a los objetos en examen, de uno en uno, en alguna parte de su superficie. Cerciórate de no tocar una de tus sondas con la otra mientras estás tocando el objeto en estudio, sino manténlos lo bastante apartados como para que cualquier corriente que pase tenga que pasar a través del objeto en examen.

180

He aquí lo que va a ocurrir: Descubrirás que con todos los objetos metálicos la bombilla se encenderá, mostrándonos así que son todos conductores. Con los objetos que no están hechos de metal o no poseen superficies metálicas desnudas, la bombilla no se encenderá y vemos así que no son conductoras de la electricidad. Son aislantes.

CIRCUITOS EN SERIE Y EN PARALELO

Materiales que necesitarás
Dos conjuntos portalámparas (para 6 o para 1,5 voltios)
Pila (6 o de 1,5 voltios)

Una pila puede usarse para encender más de una bombilla, así como en una casa puede haber más de una lámpara, todas accionadas por la misma fuente de electricidad. Hemos aprendido que el camino seguido por una corriente eléctrica se llama un circuito y que cada vez que observamos el paso de una corriente tenemos lo que se llama un *circuito cerrado*. En este experimento descubriremos (mediante nuestras bombillas y nuestros portalámparas) que los dispositivos accionados por electricidad pueden conectarse en un circuito, en *serie* o en *paralelo*.

Conectaremos nuestras bombillas de ambas maneras para hallar la diferencia entre las dos conexiones. Dos bombillas bastarán para ilustrar el asunto, pero puedes usar más si quieres.

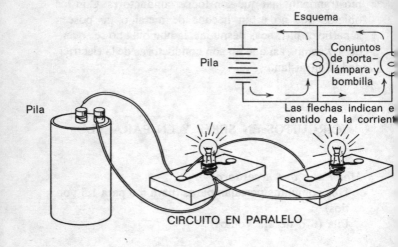

Esquema

Pila

Conjuntos
de porta-
lámpara y
bombilla

Las flechas indican e
sentido de la corrien

Pila

CIRCUITO EN PARALELO

Figura A

Primero conecta las bombillas como se muestra en la figura A. Ambas se encenderán con plena brillantez tan pronto como el circuito esté correctamente cerrado. Esa es una *conexión en paralelo,* es decir que cada bombilla (o cada aparato) está conectado directamente a los alambres que llevan corriente hasta él. Cuando ambas bombillas estén encendidas, desenrosca una y observa qué le ocurre a la otra. ¿Verdad que sigue alumbrando con toda su brillantez? Desenrosca la segunda y aprieta la primera; verás que el estado en que esté una bombilla no tiene efecto sobre la otra, es decir, que cada una de ellas se enciende o se apaga con total independencia de la otra. Puedes conectar más de dos bombillas en

182

paralelo. Intentálo con tres, cuatro o más, y verás que todas se comportan de igual modo. Cada bombilla puede tener asimismo su propio interruptor y puedes así regular (apagar y encender) sin afectar a ninguna de las otras. Si estudias por un momento la representación esquemática de las bombillas de la figura A, verás que la corriente que pasa por una de ellas no pasa en absoluto por la otra.

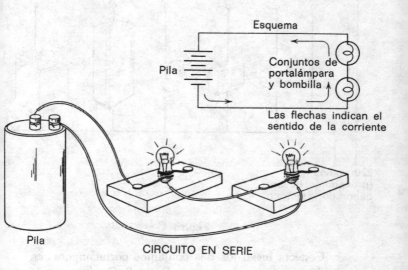

Esquema

Pila

Conjuntos de portalámpara y bombilla

Las flechas indican el sentido de la corriente

Pila

CIRCUITO EN SERIE

Figura B

Este tipo de conexión en paralelo se emplea en el hogar para el alumbrado y los electrodomésticos tales como el tostador, el lavavajilla, la lavadora, el calefac-

183

tor, los motores de toda especie, etc. Cada uno de ellos lleva su regulación o control, pues están conectados en paralelo a los mismos dos alambres que llevan electricidad a la casa (mira la figura C).

Alumbrado Radio Televisión Ventilador Refrigerador Lavadora

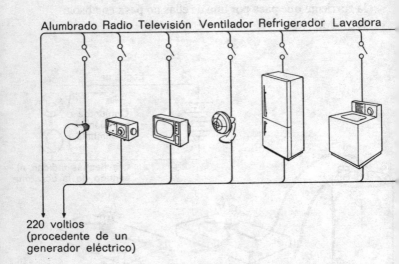

220 voltios
(procedente de un
generador eléctrico)

Figura C

Conecta luego los dos conjuntos portalámparas en *serie,* como se muestra en la figura B. Conéctalos a la pila y nuevamente se encenderán ambas bombillas. Ahora, al igual que antes, desenrosca una de ellas. ¿Ves lo que ocurre? La otra también se apaga. Apriétala de nuevo, y ambas se encienden. Desenrosca la otra, y otra vez se apagan ambas. Así compruebas que en un circuito en serie, los elementos (las bombillas) que están conectados son dependientes uno de otros. Es decir, lo que se le haga a uno, tiene efecto sobre el otro. Si consultas el diagrama esquemático de la figura B, verás que los electrones deben pasar a través de *ambas* bombillas (o de todas las que estés usando).

Verás también que las bombillas no alumbran con tanto brillo como cuando estaban conectadas en paralelo. Esto se debe a que la tensión (voltaje) disponible en la pila se divide entre ambas bombillas, mientras que en el circuito en paralelo, a cada bombilla le llega toda la tensión de la pila. En cada una de ellas habrá ahora sólo la mitad de la tensión entre los extremos de su filamento y por consiguiente producirá una luminosidad menor de la que emitía en el circuito en paralelo. Si usas tres bombillas, cada una de ellas dispondrá de solamente un tercio de la tensión de la pila y su brillantez disminuirá de manera correspondiente.

Ciertas guirnaldas de luces para árboles de Navidad están conectadas en serie. Quizá hayas tenido la experiencia de ver apagarse súbitamente la guirnalda entera. Lo que ha sucedido en tal caso es que una de las bombillas de la serie se ha fundido y ha interrumpido el circuito, por lo que ya no puede pasar corriente por las restantes.

Las bombillas que uses en este experimento deben estar calculadas para la tensión de la pila. No intentes usar una bombilla de linterna de 1,5 o de 3 voltios con una pila de 6 voltios. Se fundiría inmediatamente.

185

CONSTRUCCIÓN DE UN
RECEPTOR TELEGRÁFICO SONORO
Y DE UN SISTEMA DE TELÉGRAFO

Materiales que necesitarás:

Electroimán (como los construidos anteriormente)
Tablilla de madera de aproximadamente 65 × 250 × 10 milímetros
Tablilla de madera de aproximadamente 65 × 65 × 10 milímetros (según cuál sea el tamaño del electroimán)
Pila de 6 voltios
Interruptor (construido anteriormente)
Trozo de cartulina de unos 37 × 75 milímetros
Cuatro chinchetas

La radio y la televisión nos son tan habituales a todos que a veces olvidamos el valor del telégrafo, cuyos millones de kilómetros de alambres se emplean para enviar mensajes por todo el mundo a la velocidad del rayo.

Los medios antiguos de comunicación tales como los tambores que usaban algunos africanos, la transmisión de destellos de luz solar reflejada y el empleo de señales de fuego y de humo dejan ciertamente mucho que desear si se tiene en cuenta la comodidad, la velocidad de transmisión, el secreto y las distancias que pueden abarcarse. La invención y desarrollo del telégrafo hicieron posible enviar y recibir en pocos segundos mensajes que antes demoraban días o semanas en llegar a su destino. (La palabra *telégrafo* se ha derivado del griego: *tele* que significa «lejos», y *grafein,* «escribir».)

Samuel F. B. Morse, hijo primogénito de un clérigo protestante estadounidense, nació en abril de 1791 en

Charleston, Massachusetts (EE. UU.). Aunque llegó a ser famoso en vida como escultor y pintor retratista, ahora se le recuerda sobre todo por su invención del telégrafo, que hizo posible comunicarse mediante señales reguladas eléctricamente, transmitidas de un aparato telegráfico a otro. Estas señales son creadas por un manipulador telegráfico y reconvertidas luego en letras y palabras por un telegrafista.

El primer mensaje telegráfico a larga distancia («What has God wrought?», es decir, «¿Qué ha forjado Dios?») fue enviado desde la Corte Suprema de los Estados Unidos en Washington, el 24 de mayo de 1844, a Baltimore, Maryland (unos 60 kilómetros). El sistema telegráfico fue un éxito a partir de ese día. Para transmitir todas las letras y números necesarios usando sólo dos cables, se ideó un código basado en el número de sonidos y el intervalo entre ellos. A cada número y letra del alfabeto se le asignó un conjunto determinado de sonidos. Este sistema llamado código Morse en honor a su inventor, consta de puntos y rayas (sonidos largos y cortos).

Un sistema de telégrafo se compone básicamente de un manipulador, un receptor sonoro, y una fuente de energía eléctrica que accione el receptor. El manipulador es sencillamente un interruptor que cierra o abre un circuito, dejando así pasar o no una corriente eléctrica. Cuando pasa corriente, un material magnético es atraído por un electroimán y cuando esto ocurre, se emite un chasquido audible. Cuando el manipulador se abre y cierra muy rápidamente, se produce un sonido breve, llamado un «ti» y cuando el manipulador se retiene un poquito más se produce un «ta». Ambos sonidos corresponden respectivamente al punto y la raya en la forma escrita del código Morse.

Nos resultará muy fácil construir un receptor telegráfico sonoro y formar nuestro propio sistema telegráfico.

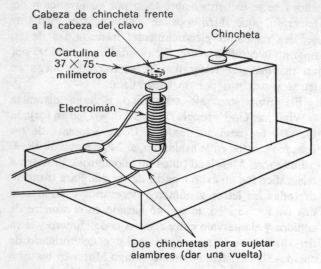

Cabeza de chincheta frente a la cabeza del clavo

Chincheta

Cartulina de 37 × 75 milímetros

Electroimán

Dos chinchetas para sujetar alambres (dar una vuelta)

Figura A

He aquí cómo hacerlo: En un experimento anterior construimos un electroimán enrollando un alambre en torno a un clavo grande; clava éste, con su bobina de alambre, en el centro de un trozo de madera blanda de unos 65 × 250 milímetros. Fija los dos extremos de alambre del electroimán a esta tablilla mediante chinchetas, como se muestra en la figura A. Clava otra chincheta a unos 6 milímetros de un borde de una tira de cartulina que mida unos 37 × 75 milímetros y dobla el pincho de la chincheta, para que ésta no pueda caerse. Clava en el otro extremo de la cartulina, y pon la cara opuesta, otra chincheta y fija este conjunto a una tablilla cuya altura sobrepase en unos 6 milímetros la

altura de la cabeza del clavo. Esto se ilustra muy claramente en la figura A. Fija luego esta segunda tablilla
(que ahora tienes clavada en cartulina provista de una
chincheta) a la primera, de manera que la cabeza de la
chincheta que tiene la punta doblada quede sobre la
cabeza del clavo y a unos 6 milímetros. El receptor telegráfico sonoro está terminado.

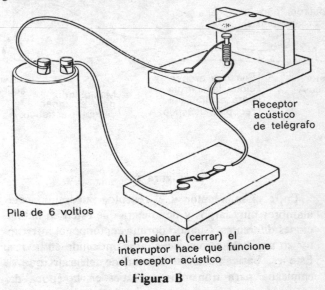

Receptor
acústico
de telégrafo

Pila de 6 voltios

Al presionar (cerrar) el
interruptor hace que funcione
el receptor acústico

Figura B

Conecta el interruptor y la pila al receptor telegráfico
como se muestra en la figura B. Cuando aprietas el
interruptor, cierras el circuito y permites que la corriente pase desde la pila a través del electroimán. La chincheta, como está hecha de material magnético, será
atraída entonces hacia la cabeza del clavo. Cuando esto
sucede, se escucha un sonido claro. Tan pronto como
sueltes el interruptor, la chincheta volverá sola a su

189

posición original. Vuelve a pulsar el interruptor y la chincheta volverá a bajar dando un chasquito.

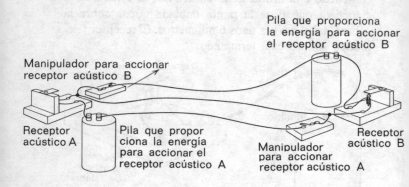

Pila que proporciona la energía para accionar el receptor acústico B

Manipulador para accionar receptor acústico B

Receptor acústico A

Pila que propor ciona la energía para accionar el receptor acústico A

Manipulador para accionar receptor acústico A

Receptor acústico B

Figura C

Entre el interruptor y el receptor puedes conectar alambres muy largos y de manera que estén en habitaciones diferentes. Cuando oprimas entonces el interruptor en una habitación, escucharás un sonido en la otra. Este es, básicamente, el sistema de telégrafo que se empleaba para transmitir mensajes en la época del señor Morse. Las tensiones más elevadas y los receptores mejor construidos hicieron posible la transmisión a grandes distancias durante los últimos años del siglo pasado. Los sistemas actuales de telégrafo comercial se han perfeccionado aún más, pero este experimento explicará realmente los principios según los cuales funcionan todos. Si haces dos receptores y dos manipuladores, puedes transmitir a considerables distancias con sólo tres alambres, según se indica en la figura C. Puedes, asimismo, usar el receptor telegráfico para hacer una señal en un ferrocarril eléctrico de juguete, como se muestra en la figura D.

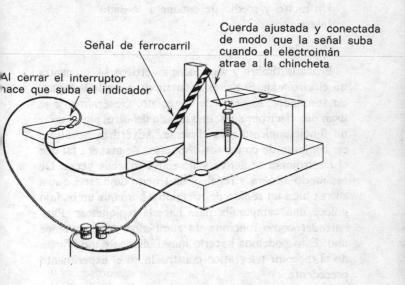

Señal de ferrocarril

Cuerda ajustada y conectada de modo que la señal suba cuando el electroimán atrae a la chincheta

Al cerrar el interruptor hace que suba el indicador

Figura D

CONSTRUCCIÓN DE UN ZUMBADOR Y DE UN RELÉ

Materiales que necesitarás
Receptor telegráfico construido en el experimento anterior
Trozo de cartulina de 37 × 75 milímetros

191

Dos chinchetas
Sujetapapeles
Pila de 6 voltios
Conjunto portalámparas con una bombilla para 6 voltios
Un metro y medio de conductor aislado
Interruptor

En cada timbre y zumbador eléctricos se encuentra un electroimán. Si tienes la suerte de quitarle la tapa a un zumbador, lo verás de inmediato. Generalmente se usan dos electroimanes, uno al lado del otro, para lograr un funcionamiento más eficiente. Advertirás asimismo un conjunto de contactos dispuestos de manera tal que el electroimán se active y desactive muchas veces. De ese modo atraerá y repelerá un trocito de hierro, que a su vez hará un sonido de zumbido o hará que un badajo golpee una campanilla para hacerla repiquetear. Para entender cómo funciona un zumbador, construyamos uno. Esto podemos hacerlo muy fácilmente modificando el receptor telegráfico construido en el experimento precedente.

Quita la tira de cartulina de 37 × 75 milímetros sujeta con chincheta a la tablilla vertical. La reemplazamos con otra tira de igual tamaño. Quita el aislamiento de un trozo de cable a lo largo de unos 5 centímetros en cada extremo y enrolla con varias vueltas uno de esos extremos alrededor del sujetapapeles. Fija el sujetapapeles en el centro de la cartulina, y déjalo asomar en aproximadamente un tercio de su longitud por el borde de dicha tira, como se muestra en la figura A. Clava esta cartulina a la tablilla vertical con una chincheta de modo que el sujetapapeles quede exactamente sobre el electroi-

mán, esto es importante. El alambre del sujetapapeles
manténlo en su sitio clavándolo con otra chincheta a la
tabla horizontal (mira la figura A).

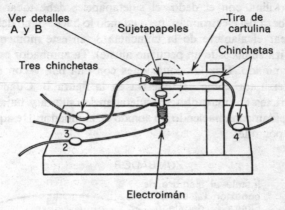

Ver detalles A y B

Sujetapapeles

Tira de cartulina

Chinchetas

Tres chinchetas

1
3
2

4

Electroimán

DETALLE A

Para el zumbador:
El sujetapapeles toca
el alambre de contacto
solo en la posición «arriba»
(no pasa corriente
por el electroimán)

DETALLE B

Para el relé:
El sujetapapeles toca
el alambre de contacto
solo cuando el electroimán
lo tira hacia abajo (la
corriente pasa
a través del electroimán)

Figura A

Quita luego el aislamiento de ambos extremos de otro
trozo de alambre de cobre y forma en uno de ellos un
pequeño bucle. Deforma el alambre de manera que

193

cuando se le sujete con la chincheta 3, el bucle toque la parte superior del sujetapapeles, como se muestra en el detalle A de la figura A. Cuando empujas ligeramente la cartulina con el dedo, el sujetapapeles debe tocar la cabeza del electroimán, pero cuando lo hace, ya no debe tocar el alambre de la chincheta 3 (en este momento quizá se necesite un pequeño ajuste). Tu zumbador está terminado. Haz las conexiones con una pila y con un interruptor como se muestra en la figura B. Cuando aprietes el interruptor, el sujetapapeles subirá y bajará rápidamente, haciendo un sonido de zumbador. He aquí el por qué:

ZUMBADOR

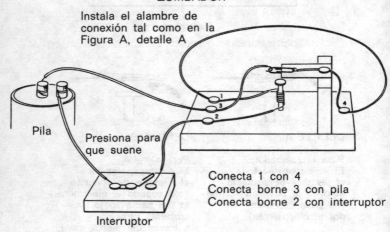

Instala el alambre de conexión tal como en la Figura A, detalle A

Pila

Presiona para que suene

Interruptor

Conecta 1 con 4
Conecta borne 3 con pila
Conecta borne 2 con interruptor

La corriente pasa de un borne de la pila, por el interruptor hasta el borne 2 del electroimán. Luego pasa a través del electroimán al borne 1, que está conectado con el borne 4. Desde allí pasa a través del sujetapapeles al borne 3, y de allí nuevamente a la pila. Esta

194

corriente activa el electroimán, que atrae entonces al sujetapapeles. Tan pronto como sucede esto, se interrumpe el circuito, y deja de pasar la corriente, porque el sujetapapeles ya no toca el bucle (unido al borne 3). Al desactivarse el electroimán, el sujetapapeles se eleva otra vez, toca el bucle y completa el circuito, y se repite el ciclo completo. Es este movimiento rápido de bajada y subida lo que produce el zumbido. Para hacer una campanilla, se fija un badajo a la parte móvil.

Un relé es básicamente un interruptor accionado por electricidad que puede usarse para controlar otro circuito. Nuestro zumbador puede convertirse en un relé con apenas una leve modificación. Nos basta con cambiar la posición de un conductor.

Para convertir el zumbador en relé, dobla el alambre que va al borne 3 de tal modo que toque al sujetapapeles solamente cuando el electroimán lo haga bajar, como se muestra en el detalle B de la figura A. (Prueba esta disposición empujando, como antes, la cartulina con el dedo.) El relé está terminado. Cuando se conecta como se ilustra en la figura C, la bombilla se encenderá cuando se cierre el interruptor y permanecerá encendida hasta que vuelva a abrirse el interruptor.

He aquí lo que ocurre: La corriente pasa desde un borne de la pila, a través del interruptor hasta el borne 2, luego a través del electroimán hasta el borne 1 y dc vuelta al otro borne de la pila. Esto activa el electroimán, que a su vez hace bajar el sujetapapeles de modo que toque y se ponga en contacto con el bucle de alambre. La bombilla está conectada a la pila a través de los bornes 3 y 4 del relé en un circuito en serie. De este modo el relé actúa como un interruptor que cierra y completa así el circuito cada vez que se acciona el electroimán.

Instala el alambre de contacto como en la Figura A, detalle B

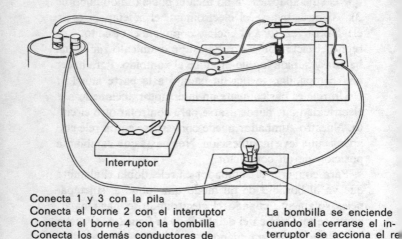

Interruptor

Conecta 1 y 3 con la pila
Conecta el borne 2 con el interruptor
Conecta el borne 4 con la bombilla
Conecta los demás conductores de
la bombilla y del interruptor
al otro borne de la pila

La bombilla se enciende
cuando al cerrarse el in-
terruptor se acciona el re

Figura C

En pro de la simplicidad y para mostrar cómo funciona el circuito, usamos la misma pila para accionar el
relé y encender la luz. De hecho, a los bornes 3 y 4 puede conectarse cualquier circuito independiente. El relé
actuará como un interruptor eléctrico que se cerrará
cada vez que se active.

ÍNDICE

ELECTRICIDAD DINÁMICA
Y ELECTROMAGNETISMO